当 代 中 国 学 术 文 库

岁月留痕

一个知识分子的一生

陈谷嘉◎著

中国文史出版社

图书在版编目（CIP）数据

岁月留痕：一个知识分子的一生 / 陈谷嘉著 . —
北京：中国文史出版社，2015. 5

ISBN 978-7-5034-6434-8

Ⅰ. ①岁…　Ⅱ. ①陈…　Ⅲ. ①陈谷嘉—自传
Ⅳ. ①K825. 4

中国版本图书馆 CIP 数据核字（2015）第 124267 号

责任编辑：李晓薇

出版发行：中国文史出版社

网　　址：www. chinawenshi. net

社　　址：北京市西城区太平桥大街 23 号　邮编：100811

电　　话：010-66173572　66168268　66192736（发行部）

传　　真：010-66192703

印　　装：北京天正元印务有限公司

经　　销：全国新华书店

开　　本：170mm×240mm　1/16

印　　张：14

字　　数：169 千字

版　　次：2016 年 1 月北京第 1 版

印　　次：2016 年 1 月第 1 次印刷

定　　价：42. 00 元

母亲

父亲

1986 年于住所与侯外庐导师(中);邱汉生(右一);何兆武(左一)先生、师兄祝瑞开(背右一)合影。由新华社记者摄影

与妻子高志合影

妻子高志、女儿小沙、男儿光亚合影

与妻子高志、女儿、女婿合影

儿子与媳妇合影

1991 年 10 月上海秦汉思想华夏民族传统国际会议发言,主持人台湾大学陈鼓应

左二何兆武、右一李学勤、右二朱汉民

右一张岂之、右三何兆武、左一章启辉、左二黄宣民

1998 年 12 月 12 日香港中华文化与 21 世纪国际会议发言

左一成文山、中间李泽厚

左一韩国留学生刘承相、中间李学勤

右一邓文初、左二肖永明、左一季乃礼

与国学大师季羡林先生讨论书院文化(左一季羡林、中间季啸风)

1989年研究生书院文庙讲课中国思想史

前排左起：杨某、陈谷嘉、步近智、钟遵先

后二三排：殷瑞渊、唐宇元、杨超、魏明经、林英、高全朴、张岂之、祝瑞开、冒怀辛、何兆武、李学勤、黄宣民

最后一排从左至右第五个是陈谷嘉

后排右一黄宣民、右二唐宇元

右一唐亚阳、右二姜广辉、左一王德水

目　录
CONTENTS

引　子

写完《儒家伦理思想史》明代卷，五十多年来的学术人生终算是可以告别了。不过，学术之笔是搁置起来了，但人生的回顾却刚好由此起笔，弟子们“嘲笑”我要做“小说家”，其实，习惯了概念化理性化的文字，哪敢妄谈文学创作?！只是自己一介书生，在这个翻天覆地的大时代里，折腾起伏、荣枯沉浮，有所观察、有所感悟，有所秫惕、有所欣望，有所困惑、有所思考，有所担承，放不下一个知识分子的责任，吞不下一个儒家学人的情怀，深恐余年无多，不得不秉烛而游。

一辈子在中国传统文化中浸润，以儒家哲学伦常为研究对象，学术也罢，做事也罢，儒家最为讲究的是坐言起行，是反身而诚。在学术研究中，也许需要虚一而静，但每每接触先贤的归训教导，不由不联系到人生，联系到自己八十多年来的生活，联系到自己生活的国家和身处的时代。

儒家人生的最高境界有所谓“三不朽”说，“立德”“立功”“立言”是也，如果以此来衡量自己这大半辈子，又岂敢稍有自足？好在胡适夫子把这圣人的三不朽译成三个平实的英文单词 Worth、Work、Word，使我辈后学能略微放松仔肩。如果以胡适夫子的这三个译名来权衡自己这八十年的人生历程，则人生将老，略可自慰罢。自然，“立功”

“立言”是不敢说的，但却不可谓无日不在Work（工作）中，无日不有Word（写作）的留存，这些，或许足以告慰先贤，告慰平生，告慰后世，告慰自己身处的这个大时代。

不过，即使将儒家高悬的“立德”一词译作颇沾地气的英文Worth，怕自己也无法承受这份沉甸甸的压力。尽管在人生道路上走过这漫长的八十余年，但在历史的长河中，人生一世，总如白驹过隙，总是那样的惊鸿一瞥——“人生到处知何似，应是飞鸿踏雪泥”，留给后世的“德业”，究竟又有多少呢？！

人生的道路，是那样的漫漫，又是那么的曲折。付出了不少，收获似乎也不少，有欢乐，也有伤痛。然而，这一切是否就足以说明什么是人生？也许在匆匆来去的路上，没有多少空闲驻足回味，因此会觉得一切都是当然，人生本该如此。但当你鬓角渐白，皓首回望时，仿佛一切都还未定，一切都值得重新来过。

读自己的足迹，俨然是在读一部他人的传记，在读一本从来没有读过的无字书，一本永远读不懂的无字天书。

学问有多种做法，做有字之学问，耗费我五十多年的时光，从青年中年到耆耆老矣；但等到这有字之学问解答完成，才发现还有另一种学问——无字之学问——竟然尚未开始，而这无字之学问又是如此之高深，如此之令人扼腕三叹。难怪中哲西哲、南海北海会异口同声多有感叹，感人生之谜千古无解，叹生命之情而无能释怀。科学家们即使能够逃逸这个星球的引力，却不得不承认人生的奥妙远比宇宙复杂；银河系的引力已经是够强大了，但却总在人类理性的捕获之中，而人生虽是那样短暂，人生的命运却是最难把握理清。

认识你自己！

人类即使逃离星空，也还得回头向自己发出这样的一道命令，这道命令既是一道绝对的知识命令，同时也是一道绝对的道德命令。

认识你自己！

然而，人生究竟是什么呢？

有人说，世界大舞台，人生小演出。每个人来到这个世界，好像一个扮演着不同角色的舞台演员。尽管演员也者，总是按着戏剧家们的编排表演着别人的人生，但其一招一式却又总是呈现着自己的本色。仿佛木偶戏中的傀儡，演着的时候，竟然就成了自己。

舞台也许多半是他人设计的，但人生毕竟是自己的功课。而且人生之出演也不可能总是友情客串，没有人为你准备脚本，也不会有人为你导演一切。最终，你得自己准备自己的一切，自己承担自己的一切，自演自导，自品自评。无论悲喜，都是得你自己消受！

也许人生竟然不是演出，而是一场真刀实枪的战争？如同过河卒子，一旦出列，便无反悔?!

八十年家国，三万里河山，劳作不少，收获也不少；感悟多多，困惑也多多；有兴奋欢呼，也有忧思苦痛。阅历越是长长的，色彩越是混杂而斑斓，而那色彩之中，有早春的鹅黄，也有深冬的铁灰，有初秋的绚烂，也掩映着暗淡了的斑斑血点。记忆的印痕坑坑洼洼，一些早已随岁月流逝，一些却深深铭刻在心底，无法忘怀。

每个人都得向人世提交一份履历，那么就权把拙笔记叙的岁月痕迹，当作一个知识分子的人生履历的答卷交给时代，献给我的亲人、朋友、同学、同事以及读者诸君，共勉人生。

第一章　孩提记

“犹忆少年骑竹马，回头已是白头翁”，人类在感叹人生短暂、倏乎暮年时，总是会回想自己的孩提之时，追忆孩提之时的故土山河，人事点滴，真是“鸟近黄昏皆绕树，人当岁暮定思乡”，这其中不仅深涵着对童年的深深回忆，也是对自己人生历程的一次全程清理。

孩提时代是每个人人生当中的最好奇的时代，初来到这个世界，一切都感到新鲜，对周围一切都感到好奇。我出生在乡村，在乡村长大，乡村生活的一切，在我的脑子里留下了不忘的记忆，首先想到的是生我养我的故土。

一、故乡情

人把生于斯、长于斯的地方称之为故土，或者故乡，总把自己的故土想象成天堂般的美好，故土难离，不管到何处，忘不了家乡的山和水，忘不了故乡的泥土清香。远离故土人，水土不合，喝一杯家乡泥土泡的水，即刻安好，远离故土的异国游子，见到家乡带去的泥土，吻之又吻，亲之又亲，仿佛回到了故乡。对故土的爱，就是对祖国的爱，热爱祖国的人,总是从热爱自己的家乡和故土开始的。

故土、故乡,是我最想念的地方,留下的记忆最深。我于 1934 年生于湖南省宁乡县铁冲乡南坪村乌石庙的一个陈氏家族聚居的村房里。村落地处丘陵,有山有水,村落前有一片开阔地,田埂纵横,有良田数十亩。田野的景色仍如昨日,历历在目。春天,田野油菜花、紫罗英花、草籽花争艳,似如花海。春光明媚,草长莺飞,青蛙打鼓催耕,蜂群穿梭花丛,耕夫鞭打春牛,田野一片繁忙。夏天,又是一番新气象,水田被绿油油的禾稻覆盖,一波又一波绿浪起伏,随风翻腾,置身其中,仿佛自己淹没在绿色的海洋之中;秋天是收成的季节,田野已经换装,金色的稻浪一望无际,在阳光下闪烁,每一颗谷子似乎都沉甸甸地挂着农民们一年的汗水、一年的丰收、一年的希望。挂满谷粒的禾稻低着头行鞠躬礼似的向它的主人报告丰收的喜讯。

乌石庙村前的田野里有四口水塘,从上到下呈梯形布局,四口塘由一条小溪串着,小溪长约百米,仿佛绿野里串起的一串碧玉手链。一年四季,这四口池塘的水总是满满的,水色碧绿,清甜可口,供养整个村落的人畜饮水,灌溉着几十亩良田,天旱田不旱。涨水季节,大水从四口水塘的泄洪口倾泻而下,经十余里注入宁乡最大的河流沩水,水涨田不淹。听老人说,陈家居住地从来未发生天旱地涝的自然灾难,可谓是一个安乐之乡。

乌石庙村落,左右前后都有山丘。屋后一片山丘,生长着茂密的竹林,与右侧的一片松树林连接,茂林修竹,四季常青。每到春天,竹笋破土而出,直立青天,老树发新芽,带来了春意,莺飞兔走,百鸟声喧。冬天,松竹构成一道厚实的屏障,挡住呼啸的北风,严冬中带来了暖意。屋前百米地方横亘着连绵数里的山峦,山峦龙蛇般逶迤起伏。山上是郁郁葱葱的树林,枝丫参差,荫翳蔽日。到火热的夏天,南风越过山脊,吹动树林,枝叶随风摇动,好似成百上千的风扇转着,连风也会变得清凉起来，炎热的夏天总是要凉爽许多。

乌石村落前的水塘边有一棵古树。树的形状独特，呈蘑菇状，头大腰粗身矮。高不过五尺，头像一把撑开的巨伞，铺天盖地，覆盖着池塘一片水面。树腰巨粗，只能合抱，树的干枝发达，又粗又长，长达数米。树叶呈椭圆形，粗大青翠，四季常青。遮阳而阳不入，挡雨而水不漏。这古树年龄不详，山中罕见，人称为桐庭树。古树似乌石庙的主人，每日都招来了陈氏的子孙，或聚首聊天，或树下垂钓，小儿们常在树干之间爬上爬下，嬉笑打闹，古树俨然乌石庙村里的游憩中心，老少咸宜。

即使现在，儿童时代的记忆还会时时泛起微澜，记起古树下田陇间的儿童时光，碧水和古树交相辉映，老人和儿童炊烟中悠游，微风穿过，树枝摇曳，涟漪摇荡，流连忘返。但人间事总是沧海桑田，想不到“文革”中古树被毁，少时的梦萦顿失系揽……

陈家是本地的名门望族，祖宗五代聚居在乌石庙塆的大院落。院落坐北朝南，土墙青瓦。院落的槽门挂着文魁的横匾，从槽门进入是一个露天大空坪，被四周的房子围着，从大坪往里走通向正堂屋，这是一个大开间，为整个院落的中心，摆设着祖宗神主牌，全院落的建筑，从正堂屋左右展开，并各沿着大坪边向下延伸，与槽门两侧的屋子连接，构成一个正方形的院落，陈家院落是典型的湖南乡村风格建筑，坐北朝南，依山傍水。房子是上下两层，但楼房不住人。院落之间有回廊连接，虽各立门户，又户户相通，下雨天时走遍全院落也不湿脚。

据祖父说，陈家在道光年间已定居于此，至今已二百余年，我曾祖父锡龄公有四兄弟，其中三个兄弟都是读书人，曾祖父是秀才，他的弟弟十太公习文练武，武秀才，最小的弟弟满太公也是个读书人，只有七太公务农。五代聚居一起，都以公孙、叔伯、兄弟、婆媳、姊妹相称，一家亲，往来密切，一家有事，各家帮衬，团结互助，和气融融。陈家耕读传家在当地颇有名声,行孝道,乐助人,讲亲情,陈家的家风曾影响当地一时。

二、不忘的家训

从我懂事的时候起,我的祖父经常以家规家训教育我们:“三要三不”家训,至今铭记在心。三要:要勤俭,要睦邻,要孝道;三不:不懒惰,不偷盗,不嫖赌。违反家规,予以惩戒。十太公的孙子嫖赌不听家教而被沉潭致死,因有违家规而把亲生儿子沉潭,这在当地几十里都让人感到惊骇和可怕,这种残酷之事,虽不可取,但陈家的家风可见一斑。我们家兄弟从小必须遵守家庭的不成文的规定,黎明即起,不许睡懒觉,吃饭不许掉饭,睡觉不许说话,说话必须起床,吃饭不许讲话,说话必须停下碗筷,大人讲话不许小孩子插话,等等。家庭成了我的第一所学校,家规、家训成了教育我的教材,祖辈和父母成了我最初的老师。从娘胎来到这个陌生的世界,这是我学习的第一课,是我人生的最初开始第一步,虽然是人生的起步的一小步,但却是我人生开步必不可少的一步。家教中,在我少年心中最不能忘怀的是,我的祖父向我们讲授的曾祖父锡龄公感人至深的孝行事迹。曾祖父是本县的一个有名的孝子,他的孝行事迹在宁乡县志有记载,闻名四乡。在孝行中,他最重视的是对母亲的孝道,儿子是母亲的骨肉,儿子的第一个老师是母亲,母爱是大爱,儿子对母亲有血肉之亲,有血亲之爱。在古代夫权统治的时代,规定对父亲要守孝三年,对母亲却不如此。据说唐朝武则天临朝称帝,改变了这个不平等的规定,对母亲也要守孝三年。曾祖父行孝特别表现在对母亲尊重和怀念。母亲生前,百般孝顺,母殁守孝三年。据祖父说,母亲在世时,不管有事无事,曾祖父每天都要省问，叩问母安与母亲谈谈话，以示孝心。即使白天外出，夜深也要回家探问母安。如果夜深母已入寝，他点燃一根香跪在母亲寝房的门槛上，直待香烧尽为止，以示对母亲的问安。母亲得知儿子如此孝心，心里不安，以后儿子外出，即使到深夜，也要等待儿子归来，母子一叙之后，她再入寝，以免儿子孝行之苦。

锡龄公的母亲去世，曾祖父甚感悲痛，尽孝达三年六个月。在母亲坟地搭一个棚子，住宿陪伴母亲，我家居住地距坟地将近八华里，天晴下雨，每晚必至。宁乡县志记载说："母没哀毁，尽礼庐墓三年。"又说："庐居日毛虫蚀山树尽，独墓周数丈，青葱翳如。"这就是说，曾祖父坟地守孝期间，山地爆发了松毛虫的危害，大片松树林的针叶为毛虫吃光死尽，唯独锡龄公居住棚子坟地周围数丈毛虫不入，松树林依然郁郁葱葱，青葱翳如。县志的记载，不是杜撰，乡里都这样说，这大概是巧合的自然现象，未必与人的孝行有关。人们把此二者联系，无非是彰显孝行力量。曾祖父三年六个月守坟尽孝，子孙们没有必要去模仿，但先祖对父母一片孝心，却感动了他的子孙，曾祖父为他的子孙树立了尊重父母的榜样。榜样的力量是巨大的，我没见过曾祖父，对我讲述故事的祖父也已去世五十多年，祖父对我们的教育，句句字字言犹在耳，每当想起，继家风追先祖的思念不禁骤然而起。

曾祖父是一个好善乐施的道德高尚的人，我祖父对我们讲述了令子孙们深为感动的一件事。曾祖父锡龄公就学的是著名的岳麓书院，离家有一百公里，有两天的路程。头年去岳麓书院上学，时值春节之后的二十天，天还很寒冷，挑夫肩挑箱担（放被褥衣服和书）随行，行至三十里大胜桥的地方，迎面来了一个蓬头垢面的老者，满脸皱纹，面带饥色，曾祖父见状不忍，给了几吊钱。大概给的钱出乎乞讨者意料，数额较大，乞讨者猝不及防地跪倒在地，连声致谢。曾祖父搀扶起老人，发现老者单衣破衫，全身冷得打战发抖，曾祖父恻隐之心顿起，不假思索地把自己身上的棉衣脱下,给老人穿上。恰巧此时,箱担的挑夫,因方便费时落在后面,无法取替用衣服,无奈之际,曾祖父跑到附近的山丘坟地墓庐躲避寒风,直到挑夫来到。当祖父把故事讲到这里时,他加重了语气,双目凝视着我们兄弟:"你们太公一世清贫,不嫌贫爱富,看到穷人就想帮助,你们是锡龄公的子孙,要记住先祖乐人助人的精神。"年幼的我虽不懂事,但好与坏还是分得清,祖父的嘱咐,在我幼小的心灵留下了永远抹不去的记忆。

曾祖父对穷人如此,对兄弟也如此。在兄弟之间,他大度无私,不分彼此的品格,也给后人做出了榜样。稍懂历史的人都知道,古往今来,兄弟之间为了财产和权力的分配,兄弟、叔侄相残,屡见不鲜。汉代景帝时,"七王之乱"就是这方面突出的例子。魏晋时期司马氏家族内部倾轧而出现"八王之乱",也因财产与权力之争而起。唐代李世民兄弟的玄武门之变,同样是权力与财产再分配引起相残。曾祖父四兄弟,人丁兴旺,家大人多,难免分家。这虽是农村的普通人家,不存在权力分配,家产小也有一个分配的问题,家产的继承问题,在农村常引起兄弟不和。在曾祖父的父亲主持下田产平分,四兄弟各得一份。田产是不动的地产,平分有困难,田坵有大有小,难以搭配,为了平分,势必要将大田划小。我曾祖父所分田产中,其中一部分是与其弟共有一坵六亩的大田。为了分界,在大田的中央以田泥临时垒成一条分界线。这不是固定的田埂,经不起水泡雨淋,不到一年,泥糊起的分界的一些段落垮了,弟不断蚕食,最后大田被弟占有了。我曾祖父不理家事,更不过问地产之事。曾祖母从其他兄弟处得知与弟共有坵田完全被弟占有了,她很气恼,向曾祖父诉说。曾祖父听后,不但不动怒,反而满怀亲情地劝说其妻,对曾祖母说:"你知道什么叫胞弟,胞弟是我娘胎里生下的弟弟,同母所生,血肉相连,所谓亲如兄弟,就是这个道理。兄弟之间不要分彼此,只要弟弟把田种好了就是了,我们家并不缺粮食。”就这样，把叫猪肚子坵的半边田产无偿送给弟弟了。

把自己的田产无偿让给兄弟，曾祖父不只是上述一件事，还有比此更大的相让之事。陈家先祖所置田业，不仅本地座屋周围有田数十亩，在别处离本家五里的地方，置有田产数十亩，分家时我曾祖父也平均得一分。曾祖父好读书，无心经营，把田交给了三个兄弟经营，实际上把田送给兄弟（后来曾祖父得肺痨，家境衰落，其他三兄弟干脆以少量的金钱收取了我家的田契）。在曾祖父四兄弟中，我家得到先祖田产最少。曾祖父在兄弟间大度无私，家里人不理解，四邻也不理解，讥笑他是书呆子，是书古董，好像除诗书以外的事都不懂。当时乡里流行挖苦曾祖父的笑话。传说有一次他到女儿家，亲家基于当年收成不好，谷价不稳定，向我曾祖父打听谷价的行情。曾祖父却回答说：“我只知诗书礼乐，不知谷价如何。”四乡人认为只有书呆子才会说这样的话。曾祖父所表现的读书人清高不事商贾的大智若愚的态度，为周围乡邻所不解。做好事，当时并未得到好报，曾祖父四十岁出头染肺痨而死，留下一堆债务，家境衰败。他三个儿子分家，所剩田产很少，大伯公家到了衣食不保的地步，二伯公被迫别家租佃耕种，我们家情况好些，饭食可保。后来迫于人口增多的压力，我父亲带着大哥也只好离家租佃。子孙们感到生计艰难，乡邻也为锡龄公子孙的窘境而叹息。皇天不负好心人，几十年后，谁也想不到他的子孙们有翻天覆地的变化。1949 年新中国成立，1952 年土地改革，大伯公家为贫农，二伯公家下中农，都分到了田地。我祖父为中农（父亲在外地，划为佃富农）。整个家雨转晴了，家庭充满了阳光，曾祖父的其他三个兄弟的情形则不一样了，有的是地主，有的是富农，有几户子孙在政治上和经济上受到严重打击。人们说“祖宗有德儿孙福”，锡龄公子孙之所以有今天，是祖辈积了德。曾祖父四兄弟的子孙的兴衰，未必与祖宗之间有必然的联系，但好的家风传统对后代兴旺起到的积极作用，事实确然啊！

曾祖父的大度和无私，年幼的我并不懂，只知曾祖父是个好人，要像祖父和父亲一样记住老祖宗的好处。若干年后的 1989 年冬天，我父亲在离世弥留之际时，再次嘱咐我说，“你是读书人，不要忘记你曾祖父读书人的榜样。”父亲临终的遗训，唤醒了我少年的记忆，引起我对传统家风的寻访和思考。20 世纪 90 年代初，一次偶然的机会，阅读了宁乡县志，在县志的《先民传》有关于我曾祖父在著名书院岳麓书院求学时的记载。“陈毓字锡龄诸生，貌梧力举数百石，好读宋儒书……麓山讲堂一柱偶一横肘，屋瓦震动，同舍皆惮服。”这记载扼要地记述了曾祖父在岳麓书院学习时为同门折服的两件事：一是锡龄公文武兼备，既习文又练武。一次在岳麓书院讲堂，不小心手肘碰了讲堂的顶梁大柱，讲堂的屋瓦为之震动，膂力不凡，使同门折服。另一件使同窗折服的是，锡龄公“好读宋儒书”。儒家经典五经四书，是所有读书人必读之书，也是最喜读之书，岳麓书院的同门特别点出锡龄公“好读宋儒书”，这深有意味。所谓宋儒书即指宋代理学家的著作。宋儒著作的一个突出特点是：把儒家治国的政治学和治心的人学结合在一起，实现了汉唐儒学的革新，称之为新儒学。新儒学特别强调人的道德修身，强调人伦道德的践行。锡龄公“好读宋儒书”，这表明他注重自己的道德修养，注重从理学中受到人伦道德精神的灌输和洗礼。而受道德修身的内在要求的驱动，才会“好读宋儒书”，也才有同窗对他的折服。至此，我恍然大悟，幼小对曾祖父的记忆跃进了一步，找到了锡龄公为什么对孝那么虔诚，为什么那么大度和无私的真谛。最终使我明白曾祖父一生的所作所为体现了对中华文化最深沉的精神追求，体现了对儒家人伦道德的执着和践行。曾祖父的言行告诉我们，文化继承不是简单对历史记忆，也不是仅在记忆层面的简单复制，而是要把传统好家风内化于心，外化于行，凝结和沉淀在自己的心灵世界。

忆起孩提时代的往事，好像打开了思想的闸门，储藏在脑海的一桩桩、一件件浮现在眼前。其中忆起的一件或许是人的一生最难忘的伤痛之事。大概六岁过春节的时候，看到别家的小孩，穿着新衣，戴着新帽，同父母到外婆家拜年，左右邻居中，唯独我们家不走外婆家。我很羡慕别的小孩，亲娘的儿子谁不想见外婆，亲女的母亲谁不想见外孙，我央求母亲带我们兄弟去见外公外婆。一向面挂笑脸的慈祥的母亲，听了我的哀求，心情沉重，双眼含着泪向我说出了外公外婆无辜被人杀害的伤痛。外公名叫蔡元初，原居离我家三十里的益阳土里山的地方，后来迁居到我家乡宁乡铁冲，与胡姓的一个财主相邻而居，对外来户，本地有一种排外的不好习气，胡家有财有势，更不把外公放在眼里，处处刁难。外公是一个有正义感的农民，稍懂文墨，对胡家在当地不法之事，心有不平，但不敢向胡家公开叫板，采取了"文革"中的一种写白帖张贴四方的形式揭露。母亲向我讲述的白帖内容，至今我还记得很清楚。一帖是揭露胡家霸占佃户妻："世事太怪奇，胡家霸佃妻；仗着有财势，佃户作马骑；佃妻不随愿，加租又扣田；恶行人人怨，个个不敢言；皇天若有眼，雷劈在路边；无人去收尸，牛踏人踩化为泥。"另一首是讽刺胡家财势不长久，总有一天会败落："南岳坪星梨树开了花（此是外公居住地的小地名，以果树闻名），胡家建屋添新家，建屋不建仓，谷用缸子藏，先建屋后建仓，何时何月有谷藏。"据母亲说，凡是周围邻居看不惯的事，外公常写成白帖，在黑夜偷偷张贴，白帖通俗押韵，有的是顺口溜，朗朗上口，常被人作歌谣，四处流传。这大大刺痛了胡家的心，胡家当家人每见白帖，脑涨筋暴，五内生烟。后来打听这是外来户蔡元初所为，火冒三丈，遂起杀人之心，寻找机会，想除掉包括"郎为半边之子"的我父亲在内一家所有人。四月的一天，正是农忙时刻，我父亲到外公家帮工，胡家以为时机已到，决定当晚雇杀手行凶。真是天不绝人，太阳西沉时，我父亲突然胸闷心慌，执意回家。刚走出外公家不远，只有四岁的舅舅，一边哭一边追喊要去姐姐家。父亲见状，让舅舅骑在肩上带回了家。外公外婆即在当晚被杀害。当晚天空倒挂着不圆的弯月，冷淡的月光罩着南岳坪大地，几个手执梭镖的凶手闯进蔡家的门，将躲在仓底下的外公外婆拖出杀害。南岳坪历史上从未出现过惊天杀人案，周围四邻惊动了，同声谴责杀人者丧尽天良，都为外公外婆悲痛，平时不敢说外公仗义的好人，此时却一片点赞声。外婆家是外来户，本地无亲人，家亲还在三十里外的益阳土里山，本地唯一的亲人是我的父母。母亲向我说到家庭的不幸悲惨时，边说边泣，一边凝视着我，似乎有所期待，一边又仰视天空，期盼苍天开眼，面对母亲心中滴着血的哭诉，我年小不懂事，但亲娘的伤痛令我深受震动，为母亲的不幸而难过，我跪地依偎在母亲的怀里痛哭……

母亲真伟大，面对家庭的不幸，她勇敢去承受，勇敢去应对，表现出一般女子少有的坚强，母亲是个孝女，把父母丧事办得妥妥当当，乡亲数十人参加出殡，乡亲们鸣放的鞭炮，响彻四周，被母亲看作对邪恶的警告，看作是对正义的呼喊，母亲一步一跪，无人不为之动容。

母亲是个普通的农妇，文质清秀，一个旧社会的乡下女子，不过三十多岁，却承受着她不应该承受的重担。无依无靠的弟弟要抚养成人，父母被害的凶手惩办也要靠她去控告……这一切，人们都把目光聚焦在母亲身上。母亲没有文化，在泥土里长大，没见过世面，县城、省城、衙门，都很少听说，如今要去县、省的衙门控告，可以想见是多么的艰难，一般女子想也不敢想。母亲是个孝女，是一个有正义感的女子，想起父母的被害，一个柔弱女子骤然刚强起来，她只身踏上了控告凶手的艰难之路。行百里路，到宁乡县衙门递上了控告杀人凶手的诉状。当时是北洋军阀统治时期，贪官污吏横行，社会黑暗至极。“衙门八字开，有礼无钱莫进来。”我们家仅能维持衣食，无钱行贿衙门，胡家白花花的银元却塞进了衙门，衙门认的是钱，钱是护法神，在钱的面前,正义、公理不再。恶贯满盈的凶手逍遥法外。我母亲泪不干,走百里泥泞路,历辛苦,世道如此不平,无力回天,满怀悲愤回到家。

回到家,善良的人们都感不平,他们不知道天下乌鸦一般黑,县衙门省衙门都是向有钱人开的。善良的母亲还有我父亲不甘,决意进省城衙门控告,母亲再次踏上了控告凶手的道路,近三天的行程,走一百多公里到了长沙省城。走进陌生的城市,对从未离开乡土的女子,如到了另一个世界,外境之艰难可以想见。在黑暗社会,无论走到何处,衙门都只认钱,母亲状告无门,一桩惊天杀人大案不了了之,正义和公理被沉埋。

恶有恶报,善有善报,不是不报,时候未到。1949 年,迎来了祖国的解放,1951 年农村进行了轰轰烈烈的土地改革运动,清算胡家罪恶的日子终于来到了。这个杀人犯被群众押上了审判台,当地群众三番五次邀我母亲上台批斗当年杀外公外婆的凶手,担心我母亲旧事重提,身体承受不了,准备用轿接送。大概是我母亲感觉到人民政府已替她撑了腰,杀人犯得到了应得的惩罚,群众替她出了气,用不着自己上台批斗凶手了。她对动员她去批斗的人说:“报仇不如看仇。”事实上母亲经过人生的磨难和不幸,她心力交瘁,已无力应对了。

母亲由于饱受人生不幸和摧残,身体一日不比一日,四十多岁患不治的绝症,遭受病魔的折磨。此时,我在武汉上大学,随后大学毕业后我又去北京学习。母亲生病直到去世,我都不在她身边,没有尽到做儿子的责任,这是我一生最难过和最大的遗憾。

母亲生病期间,她挂念着儿子,她想的更多的是儿子的工作,从不想打扰儿子。她得病是我爱人告知的(当时还不知道是何病)。我的爱人住在娘家,离我家有十里地,我嘱托爱人每隔三天回家一次,替我行孝,爱人是一个很善良的女子,忠实地履行了丈夫的嘱托。我知道农村生活苦,买不到猪肉水果,我从北京多次寄去猪肉,寄去水果,除了留下伙食费以外,所有的钱都寄回家医治母亲。我想母亲的病一定会医治好,到春节回家时探望。

想不到事与愿违,母亲病不但无好转,还日重一日,我得知消息后,心情沉重,即去信爱人,要求她陪母亲去长沙湘雅医院医治,爱人是个未出过门的乡下女子,在长沙医疗事都由我同学挚友湘雅医院医生刘里侯办理。经过诊断,母亲患子宫癌已到晚期。医院已无法可治,当我收到同学刘里候传来的不幸消息,几乎晕倒,社科院历史研究所思想史研究室的同志们也为我难过,给我经济上的辅助,我准备回家探望。正在准备行程时,电报传来噩耗,母亲在痛苦中撒手人寰,别离了她的亲人,到了另一不为人知的世界。我收到电报,回到八号楼住宿间痛哭了一场。依门南望,千里之遥,无法回家奔丧,不能与母亲遗体告别,我心情十分难过,终生内疚,屡有不孝的负罪之感。母亲逝世于1960年的困难的年月,听说去世仅几小时便草草地埋葬了。为了纪念苦难的母亲,我把她的坟地重新整理和修饰了一番,除去了丛生的杂草,并把我最亲的老伴遗体安葬在此,永远陪伴母亲。在坟地也留了我终老的位置,生前不能尽孝,老去要永远陪伴母亲。我不相信有阴间的世界,但此时却希望真有一个阴间世界,期望母亲在一个不为人知的世界安生幸福。

三、记住的乡愁

1946年,父亲别家去外地佃耕,家分居两地,祖父居住在有几百年历史的十九保南坪村(民国时的保相当今日的村),父亲分居在十八保界头村。两个村相距五华里,来往方便,生我虽是故土南坪村,但我成长则是在界头村。这两个村都是我的家乡。家乡故土因蕴藏着丰富的铁矿石,故名铁冲,隶属黄材大沩乡管理。

千百年来,故乡人民在此生息繁衍,留下了一方的乡愁。耳濡目染,时有忆及,小时候听到大人们谈及的家乡的神话传说,至今不忘。我父亲家所在地戴家冲的山背后,有座似盛开的莲花状的雄伟山峰,在山峰下有一条四季流水潺潺的小溪,南去几里地栗塘村有似乌龟状的山丘,传说这三处都有一个古老的传说故事。

从前有一个老汉,早年丧偶,与仅有一个叫莲花的女儿相依为命,在山上种茶过活,日子虽很清苦,倒也安全自在。女儿莲花长到十六岁,白皙水灵,貌若仙女,能歌善舞,手巧伶俐,编麻织布、挑花绣朵,无不在行。周围的小伙子欣羡不已,追逐和求婚者络绎不绝。

当地有个财主,有一个独生子,腿短腰粗,黑不溜秋,被人称之为乌龟。一天,莲花在塘边洗菜,乌龟突然从池塘边的柳树后面钻出来,面对莲花,嬉皮笑脸地央求说:“莲花,我白天黑夜连做梦都想着你哩!”说罢就搂抱莲花。莲花不从,乌龟却揪住不放。东村甘二妈的儿子甘子恰好卖柴回来,见到此景,上前推开乌龟,莲花得以脱身。

甘子救了莲花,莲花为甘子仗义而动情,二人如兄妹一般,久而久之,二人陷入情海,难解难分,盼望结秦晋之好,成为一对幸福夫妻。财主的儿子乌龟见状,很不甘心,要寻找机会,拆散这快成的一对鸳鸯。恰在此时,朝廷下令从本乡农民抽壮丁服兵役,乌龟以为机会到了,送县太爷一包银子,要求点名甘子充当壮丁服兵役。甘子被带走的那天,莲花噙着泪水送别,深情地对甘子叮嘱说:“甘子哥,我等你回来!我认定是你的人了。”

甘子走后,乌龟自以为情敌已除,闯到莲花家粗声说道:“甘子当壮丁,有去无回。你死心了吧!莲花,你嫁给我吧!”随即掏出一包银子送给莲花的父亲作聘礼。老汉知道甘子逼走当兵,是乌龟买通衙门所为,面对乌龟,怒火千丈,“瞎了你的狗眼,你的银子只买得贪官,买不动我”。说着，顺手将一包银子丢在地上，用双脚压碎，并怒斥道：“贱骨头，不识抬举，以后不准进我屋。”乌龟遭此训斥，灰头土脸地溜走了。

莲花为摆脱乌龟的软缠硬磨，别家只身躲在家乡最高的一座叫云台山的山峰，含辛茹苦，如同野人一样生活。天天思念情人，站在山上的高坡上凝视着甘子离别而去的方向，泪水不干，点滴汇成情河却换不了甘子回归。有一天，天空忽起了乌云，从朦胧中看到一个老人艰难地爬上山来，近前一看，原是甘子的老爸，老人悲痛地向莲花诉说：“你日夜所想的甘子，我的好儿子被军队打入囚牢，受尽折磨死去了。可怜的姑娘，你别等了吧！”莲花一听，心中血涌，悲声痛哭，眼泪就像泉水一样夺眶而出，泪似泉澜汩汩来，直流山下，流成了一条小溪。这一天，乌龟也打听到莲花躲在山上，心急火燎地爬上山来。忽然间，天空中狂风大作，莲花随风腾起，从天空中飘落到相近的最高峰云台山的右边，形成一座好似莲花一样的山峰，一束莲花，花瓣有长有短，葱茏欲滴的山峰，人们都说，这是美女莲花的化身，远近闻名的莲花峰由此得名。山下的水溪也被称作望夫溪，溪中流淌的碧水，相传是莲花思念甘子的泪水，情无限，水无止，流经千年不殆。而栗子村的乌龟山也由歹人乌龟而得名。这个故事，虽是山地水溪的自然的拟人化，但它告诉人们，什么是美，什么是丑，什么是爱，什么是恨，传说故事中却透析出人生的真谛。

我家乡界头村，还有一个千年不竭的泉水井，人称白沙泉。白沙泉水冬暖夏凉，甘甜可口，四季长流，是个天然地下水库，灌溉着界头村千亩良田，旱涝保收，闻名于世。听老人说，白沙泉有一个神话传说。

老人说，界头村原没有白沙泉井，传说这是一位道士体察民情而舍身换来的。有一年，铁冲、界头遭大旱，大小水塘干涸，山中树木枯萎,“赤日炎炎似火热,野田禾稻尽枯焦,农夫心内如汤煮”,人们焦急万分。有人说,当地人作了孽,天不供水,要想得到水,要到十二里外的十三洞(又称千佛洞)取水。一位姓吴的道士,不忍百姓之苦,准备好三牲祭品,带着两个弟子去到十三洞。十三洞是高山下长几十里地的洞穴,有一条阴河贯穿,泉水滔滔,洞中奇珍怪石无数,其中有大量佛像。如此山洞,不见白光,深不可测,无人敢进。吴道士凭着自己的法力,直闯山洞。进洞时嘱咐弟子说:“我把草鞋脱在洞外,我进洞后,若见我的草鞋凭空跳跃,你们猛击我放在洞外的铜锣,如果见草鞋跳跃不敲铜锣,那么为师就会困于洞内出不来了。”再三叮嘱弟子必须照此执行。道士进入洞一霎时,放在洞外的一双草鞋忽然向空跳跃不止,弟子眼看稀奇,觉得好笑,却忘记了打铜锣,忽然有惊天之响,洞门封闭,道士困在洞内。弟子惊愕不已,跪地向天求饶。好在道士为民舍身,法力大显,摇身变为一只白色鸭子,从黑压压的洞中地底下钻出,显出一路白沙和一条小溪,引出了清碧透彻而常流不息的泉水,后人把这汩汩常流的泉水命名白沙泉。白沙泉水由此成为界头村千百年灌溉千亩良田的永不断流的水源,这虽是神话传说,但却宣示了农乡人的乡愁。

家乡作为一方乡土,也存着具有地方特色的风俗。留给我印象最深的是孩提时家乡人崇尚喜庆。一年四时八节,几乎节节有节庆活动,其中以春节的节庆最为浓重。传说每年到古历腊月二十五日,诸天菩萨下界,菩萨到下界民间考察,向玉皇大帝汇报。在此期间,大人嘱咐小孩只能讲吉利的话,讲好话,最忌不吉利的话被天神所听。春节凡是稍殷实的家庭,都要杀年猪,大鱼大肉供祭天神,民间百姓与天神同乐,大摆宴席敬祝,特别是除夕晚上,邻居相互饮叙,不忌来客,来客越多越吉祥,除夕晚上,不分彼此,你家吃到我家,我家吃到你家,至鸡叫三更。除夕晚上,炉火旺盛,热气腾腾,天寒无寒意。小孩深夜虽睡意浓浓，为了得到压岁钱，甘愿熬夜。除夕做年糕，炒花生，炸红薯片，一屋子香喷喷的，打开了小孩的胃口，乐滋滋地冲杀了睡意。

元旦是新年开头的一天，一定要有新的面貌，大人小孩，都穿上新衣，戴上新帽，把平时收藏的最好的衣服穿上，面貌焕然一新。元旦出外叫作出行，很有讲究，出行要往高处走，步步高升，来年走好运。读书人起床后第一件事是提笔写字，叫作“元旦发笔，万事如意”，“鲤鱼跳龙门，黄榜提大名”。“初一崽、初二郎、初三初四拜地方”。元旦是儿子向父母拜年的一天，规定在正堂屋向父母行跪拜礼。初二是女婿女儿向双亲拜年，初三开始，上下邻居串门拜年，每家都有招待，大人以酒相待，小孩施以花生、麦芽寸金糖。女人一般招待喝甜酒，来往都是客，不敢怠慢，均以客人相迎。

从元旦到十五，都是喜庆的日子，乡下耍龙灯、打花鼓，特别十五日晚上大闹花灯，鞭炮喧天，热闹非常。颇有趣味的是，乞讨者也参与了喜庆的行列。春节期间的乞讨者，改变了自己的身份，称之为“游春”，乞讨的方式不再是依门作揖乞求，而是采取点赞的形式，一面敲打手中的铜锣，一面以唱歌的形式向主人好话点赞，称之为“赞土地”。每当游春“赞土地”时，一群小孩子就围来听赞。至今“游春”的点赞还依稀记得，“少礼少礼我少礼，年都未拜赞土地。赞过土地来拜年，四揖四拜要周全。慢慢赞来慢慢移，双脚踏进灶屋里。一炉红火在中央，柴火一到水就开，金子银子滚滚来。主人过年不一般，金子银子用萝担”。一边打锣一边唱，主人听后喜开颜。主人听点赞后，拿出享钱给游春。点赞好的，主人高兴，往往还多给享钱。游春有时还能看人点赞。有随口而出的本事，不同的对象有不同的点赞。遇到富人家另有一番点赞：“船到江边把橹摇，行到此处把锣敲。恭喜恭喜又恭喜，老板红罗又添喜。走马楼上几个字，文官去后武官回。文官好比包文正，武官好比杨六郎，功名好比曾国藩，武艺好比薛丁山。”从初一到十五，到处都可听到铜锣声，点赞声不绝于耳，形成家乡春节期间的一道亮丽的风景线。小孩们觉得很新鲜，为了好玩，也跟着学唱，以上点赞即是我当初学唱的。

家乡还有一个挺有意思的风俗，凡是结婚的日子，要举行婚庆，新娘坐红轿，摆宴席、拜祖宗和拜父母以外（乡俗没有拜天地一项），闹三夜新房，喜庆不分辈分，都可嬉闹。闹新房中，新郎新娘有一项重要招待，夫妻用茶盘摆满盐姜茶，两人抬着供奉，但有一个规矩，茶不能白喝，必须有点赞，不管大小客人都一样，不会点赞，尽管喉干舌焦，也别想喝到盐姜茶。参加闹房的都会点赞，内容大都是对新郎新娘的赞美。“英俊郎君漂亮妻，人见人爱如见仙。红灯绿酒花月夜，白枕花褥合欢甜。百年夫妻成双配，千里姻缘一线牵。今晚喝得姜盐茶，明年生个大胖娃”。“姜盐芝麻豆子茶，举案齐眉不一般。新娘秋波送情意，夫君心欢喜开颜。牛郎织女本一对，喜鹊搭桥解人难。王母娘娘靠边站，眼看夫妻成新家”。新郎新娘一次又一次抬茶，赞美的声音一波又一波而起，伴有花鼓唱腔，新房喜气洋洋，充分体现洞房花烛夜一人生大喜。表明了家乡人的乐观精神，家乡人虽为温饱而劳作，但对美好生活充满着憧憬。往事悠悠，我年过八旬，物换星移，仍留着往日的乡愁情怀。

第二章　求学记

（1941—1957）

1941 年，正值抗日战争最为艰苦的时期，湘江两岸炮声隆隆、战火纷飞，“老弱转沟壑，壮者散四方”的悲剧在中国大地上演，越过绵延的麓山之巅，乡人们还能听到山那边的隐隐轰鸣。然而，除了谣言起时，乡人们惊鸟一般逃入就近山林、暂避烽火外，谣言落时，一切又恢复旧轨，农村社会的千年宁静，仿佛世外桃源般在岳麓山后的村落里延续着。百里之外的战争恍若虚幻的背景，乡人日出而作、日落而息的节奏并不改变些许。而我，也在这种田园乐园里结束了自己的孩提之梦，开始进入我那长达十六年之久的求学之旅，人生的志趣与理想，就此起航。

一、故乡私塾

一切遵照《礼记》古礼，童子六岁发蒙。尽管在我的启蒙时期，国民教育还刚刚开始，抗日战争又进入艰难的僵持阶段，农村社会的经济状态还没办法让每一个适龄儿童获得读书的机会，也许时代是个悲剧，但我个人却是幸运儿，不仅陈氏家族有着重视教育的悠久的传统，抗战期的国民政府也没有放弃教育责任，法令规定每保必须办理一所小学，陈氏家庭因为聚族而居，宗族与保甲合二为一，我启蒙的小学，就在自己的家族，那时已经不叫族学或私塾，而是叫保学。

我发蒙的保学，是借用我叔公的一间民房办的，二十多个同学挤在一间教室里上课。开学那天，母亲给我换上新做的灰布长衫，穿戴俨然小先生模样，领着我早早来到教室。那时，教室早已打扫得干干净净，课桌排列得整整齐齐，教室正中央的黑板上面张贴着一张大红纸，写有“至圣先师孔子灵位”字样，代表孔子的神主牌位，我们二十多个新发蒙弟子，在各自家长的带领下，依照先生的指点，规规矩矩向红纸上的孔夫子大人鞠躬如仪，行三叩大礼。而后，又向端坐在孔夫子像之旁，威仪棣棣的启蒙先生一鞠躬，恭恭敬敬地递上拜师的红包，算是束脩奉上，正式成为先圣孔子的及门弟子了。

传统中国对于师道尊严看得很重，儿童发蒙是人生开端大事，因此不管世事如何纷乱，都会举行隆重的入学仪式。仪式时，平时嬉笑喧闹的乡村此时总是肃穆庄重。礼成，则鞭炮齐鸣，新学弟子们相互打躬同贺，大人们也以期许的目光和最美的祝愿加福自己的子弟，回想起来，真人生初年之盛事也。

我的发蒙老师是堂叔陈桂初，他未进过洋学堂，是读私塾出身。对近代教育略知一点皮毛。所教内容自然以旧式为主。

堂叔的教学方式，是一对一的点读，老师教会学生认识课文中的字，教会学生朗读，而后由学生温习背诵。背诵一部分，又点读新的一部分，如此循环不已，背诵的多，点读的也多，学生学习课文多少，完全取决于学生背诵了多少。到期末放大假，老师要求学生将点读的课文从头到尾全部背诵一遍，作为评定学生成绩的根据。

与传统旧学略有不同，我的开蒙识字课是“农村杂字”和“捷径杂字”二课，随后，才开始学习传统幼学的经典读本《百家姓》《三字经》《幼学》《增广贤文》，这些韵文篇章读起来朗朗上口。有时，二十几个同学仿佛被人指挥一样，一起高声唱起来，真真要将屋脊上的喜鹊震晕。斯情斯景，颇与那首嘲笑蒙童的打油诗所写意境相符：一阵乌鸦噪晚风，诸生齐放好喉咙；赵钱孙李周吴郑，天地玄黄宇宙洪。三字经完翻鉴略，千家诗毕念神童；其中有个聪明者，一目三行读大(学)中(庸)。

我也许算是其中的“聪明者”，但好像并没有读过《通鉴史略》和《大学》《中庸》。我记得第二年学习《战国策》《孟子》《论语》。

由于战争影响，名义上政府规定每保(相当于今天的村)都要设一个保学，但一般小学并没有专门的校舍，或是借用民房，或是借用宗祠庙宇，条件很差。师资也参差不齐，真正受过近代教育进过洋学堂的教师极少，大多数都像我堂叔一样是由私塾转过来的，课程自然也没有统一规定，看教师自己的学识能力而定，一般而言，常识、音乐、美术、体育等课程都没有，算术课名义上虽有，但课时少，主要学习阿拉伯数字，加减乘除符号，学会十进制，演算加减法，乘除法基本未教。算学课的教授方式与国文课一对一点读不同，是向全体同学讲授和演算。

对学生管理是采用体罚式的教育方法，老师惩罚学生的工具是竹鞭，学生不听话或犯规，老师用竹鞭抽打学生的手心，这所打手板，打多少下板由学生的犯规程度决定，犯规严重，挨打手板数目越多，甚至手板打肿不惜。对于成绩不好的学生也要挨打手板，以六十分为及格，凡成绩不到(如算学)六十分都要打手板，差多少分及格就打多少手板，打到及格数为止。对于讲粗话、鄙话的同学，在同学的嘴上用墨笔画上一个圆圈以示惩戒，如果对老师不恭，则罚学生下跪。

两年后，陈氏家族在宗祠办了所族学，凡是陈氏子孙都免费入学。

这时我已九岁,父母把我和二哥送到族学学习,读住学(寄宿)。族学条件比较好,房屋宽敞,老师受过近代教育的专门训练,开设的课程也丰富起来,有语文、算术、常识、体育,教育内容是近代的,我的视野也开阔了许多。但教育管理却一如私塾,受过近代教育的教师们仍然信奉棍棒底下出人才的传统教育原则,新式教鞭也可以当作旧式的打手竹鞭。

然而陈氏族学并无住宿条件,我们哥俩就得生活自理,二哥虽比我大三岁,可是也没有独立生活经历,甚至连做饭也不会。但既然读寄宿,就得自己动手。两个十岁左右的孩子,于是乎放下握笔把纸的嫩手,来做调汁和浆的俗事,同学们散学后,我们就自炊自饮起来。煮饭之类的事看似简单,似乎可以不学而能,但对于我们这些书生少年、愣头小伙,要想无师自通,总得要闹出许多笑话、吃过许多苦头才能圆满出师。柴火烧饭,不是水放多了,干饭成了稀粥,就是火候不到,只得吃夹生饭。吃粥不耐饿,自然想吃干饭,于是我自告奋勇,来做火头军。自以为煮饭时少放水就有干饭吃,结果还是做成了半生不熟的干米粒。有时火又太猛,一锅干饭烧成黑糊糊的锅巴,只得吞木炭一般的勉强下咽,吃不好还在其次,满肚子窝囊没处发,起初半个月,我们兄弟俩简直就没有吃过一次好米饭。好在菜是家里做好,一个星期送一次,否则真的不知道这半个月的日子怎么能够过下去。

母亲得知后,特来学校专门指导我们做饭,离开时,又委托师娘关照。这样,我们兄弟就在这种笨手笨脚、手忙脚乱中熬过一年,这是我人生历程中第一次离开父母独自生活,学习自我管理,回想起来,当时辛酸已然淡忘,留下的是温馨的童年回忆,而从其中得到的,却是课堂上永远不会教的知识与体验,真所谓"纸上得来终觉浅,绝知此事要躬行"。也许因为儿时的这番经历,对于书本之外的知识,我从来不敢轻视,对于教育后学,也特别看重实践能力的培养。

一年之后，不知什么原因，族学停办了，我不得不转入了离家三华里的同德堂小学。在我的小学求学历程中，这算是最正规的学校，同德堂小学校长是我的堂哥，叫陈畅芳，宁乡乡村师范学校结业（初级师范），教师由他及三位同窗担任。他们是新式学堂的学生，不穿长袍，穿时装，看起来既精神又洋气。开设的课程有国文、算术、音乐、体育。堂哥和蔼可亲，没有责打学生的竹鞭，他教国文，声音很动听。国文课有专门的作文课，一个星期写一篇作文。我的作文写得好，经常受到堂哥的表扬，有一次还把“我的老师”作为范文贴在了墙上。同学们看了真是羡慕极了，我的同桌姜舜钦同学还向我开玩笑地说：“你们乌庙湾又要出秀才了。”言下之意，我会像我曾祖父一样，成为一名秀才。

同德堂小学办在本地一所庙宇内，庙宇很气派，有数十间房屋，正堂立有关公像，关圣帝君，每年到六月二十三日关公生日的那天，家乡都要举办杀牛大祭，庙堂香火旺盛。

在这所小学，我又读了两个学期，到 1945 年 7 月，完成了初小四年课程，毕业了。当时的农村孩子，一般读完四年初级小学，就算是有“学问”了，认字、写字、记账、算数、写契约之类，都能应付自如，就称得上“文化人”。乡村里大都没有高级小学（高小），大沩乡（相当于今天的区）周围数十里，也只在黄材镇有一所，一般有钱人家子弟要继续升学才会进去。黄材高小为了招收生员，每年在本乡各保学中选拔学生，我所在的小学也是备选学校之一，我参加了考试，名列第二，虽然很高兴，但我并没有太大的升学奢想，我知道，自己的求学机会结束了，毕业了，我回到家里，跟随父兄，忙于农务了。

放下书本，与泥土相伴，放牛割草外，还同大人们一起干活，晨昏忙乎，少有休息。父亲很是高兴，说我勤快，爱劳动，少操心，还说我割草砍柴是好手，耕牛喂得膘肥体壮的。我也喜乐满怀，只想像大哥一样，学得一身农作功夫，精耕细作，丰衣足食。这样“也傍桑荫学种瓜”

地学农活，一晃就是两年过去了。

凡事都有奇巧，人的一生很多经历难以理喻，人的一生往往会因某种偶然性而改变。1947年农历六月，正是水稻灌浆季节，谷粒渐渐饱满起来，绿油油的禾稻也开始卸下绿装，换上一片金黄色。稻浪如海涛起伏，阳光下是金灿灿黄澄澄的田园。正是该为来年播撒绿肥种子的时候，旧式农作，还没有使用化肥，农田施肥除人畜家肥外，主要靠休耕时期在田地中培植绿肥，先年下种，来年春天草籽长满田野时，牛犁翻耕，把肥嫩的草苗压在泥水中，让开春雨水浸泡发酵，这就是稻田的底肥，最为天然的有机肥源。一天，骄阳似火，炎热异常。父亲和我到稻田里播撒草籽。我手执双棒，将禾稻往两边分，在中间开辟一条通道，父亲跟在后面，顺通道向两边播撒草籽。稻田很宽，泥水又深，而成熟的稻子却与人等高，沉甸甸的，要我一个还只有十一岁的孩子，整个人没在水稻之中，没在炎热中做“开路先锋”，还真是非常吃力。忙碌了不大一会，人就乏了，手脚软软的，没得气力，平时看起来柔软的稻苗，此刻仿佛故意为难我似的，渐渐不听手中棍棒的使唤，分也分不开了。此时，没有任何人提示，也没有任何先兆，我忽发奇想，回过头对父亲说，我要读书，我要复学。毫无思想准备的父亲，很是惊愕，他停住脚步，停下工作，停了好长一会儿，才对我说：“我们家佃耕的田多，有四十多亩，你两个哥哥帮忙都忙不过来，农忙时还要请人帮工，你已十多岁了，要懂事了，要帮助家里做事了。”

父亲平时很和蔼，但这回很严肃。说完，他把我拉到田埂上坐下，轻言细语地对我说：“听爸爸的话，安心地与爸爸一起在家种田。”他说，也不是不想让儿子读书，但家里无力供儿子继续读长学，如果半途而废，读成个半瓶醋，既不能种田，也不能文，耽误一生，还不如不读。父亲还说，本地几户人家，没有读书也发家致富了，好男儿只要勤快，吃得苦，总会有出头之日，不一定非靠读书的。对于父亲的规劝，我只能沉默，我也说不出复学读书的理由。当时确实年纪太小，根本想不到读书发家这层事，也想不到更多，只是忽然有一下就想读书了。直到今天，我也想不出没有任何人提醒，这突发复学的奇想是怎么来的，大概算是冥冥之中命运的安排吧！

读书的梦想虽未打动父亲，但我并没有放弃，我知道到哪里去寻求支持。陈氏家族有书香传家的遗韵，曾祖父是秀才出身，在地面上算一方绅士，有学问，很受地方尊敬，祖父是秀才的儿子，他会知道“有书不读子孙愚”的道理，所以我就决定去找他帮忙。果然，他听完我的央求后，不仅没有一点诧异，而且满脸惊喜，说：“你想读书，这是好事。我一定要你上学。”不出所料，祖父出马替我做说客，父亲只有同意的份。加上那时家境也开始好起来，支持我一个人读书还是没问题的。这样，放牛娃又背上了书包进学校。

也是从这天起，我的求学之路从未停止脚步，一直走到大学毕业，随后又进入大学工作，从事学术研究，我的人生因为这个偶然的梦想彻底改变。后来家里人都说，我的这一“灵光一闪”，是曾祖父显灵保佑，要我承续陈氏家族书香继世的余脉，为陈氏子孙留下一个读书种子。我也不知道这些说法是否可信，但年幼时就饱受曾祖父事迹的影响，读书梦想的发芽，总与这些有些因缘罢。

1947 年，秋收之后，8 月的一天，我重新回到告别二年的学校。这时，黄材高小恰好在我们铁冲设立了一个分校，分校虽是高级小学，也没有专门的校舍，而是设在一个关帝庙内。走进庙门，就能看见正殿的关老爷神像，红脸杏眼，英武神威。开学后，每天面对这尊威武大神，还真疑心是要习文还是习武呢。不过，慢慢地大家就习惯了，也与关圣人结成伙伴，把他当作学校的一员。

高小毕竟是小学高一层次的学校，授课内容都与初级小学不同，老师几乎都是中等师范或高中毕业。语文老师给我印象最深，他叫胡述祖,身材高大,很英俊,是一帅哥。他的课讲得极好。他授课不限于课文,常常选择一些课外文章讲授,如曾国藩、左宗棠家书,黄花岗七十二烈士林觉民临终给妻子的信,还有唐诗的《卖炭翁》。这些文章有文采,有意义,很感人。每当读到林觉民与妻子信开头的“燕燕卿卿如晤,吾作此书,泪珠笔墨齐下”时,同学们眼腔噙满泪水。而“卖炭翁”一诗,诉说卖炭翁的悲情,总是引起同学们强烈共鸣,我读唐诗就是从此时开始的。入校一个月,我感到很满足,认为复学值得,没有走错。期末考试,我取得第二名的好成绩,学校奖我一斗米(相当于十五斤),背回家里时,全家都很高兴。父亲虽然口头上没有表扬,但从他的笑脸可以看出他是欣慰的。假期是一个月,回到家里第二天,我就丢下书包,下地干活。父亲自己是个勤快人,见我主动干农活,对母亲说:“嘉伢子懂事了,干活很勤快,读书不会习坏他的身子。”由此,我的读书正式得到了父亲的支持。

不知什么原因,黄材高小铁冲分校又停办了,我得转学到三十里开外的黄材高小学习。父亲同意我转学吗? 我当时无把握,感到很紧张。大概父亲看到我一年来读书表现不错,他同意我转学。1948 年春,我又转学到黄材高小学习。黄材高小也是设在当地姜姓的宗祠内,姜姓是名门望族,明清时出过三个进士,所以祠堂特别阔大气派,一般祠堂只有一栋建筑,但这里却是由二座建筑组成,中间连着一座天桥,正堂是学校活动中心,悬梁上挂着三块进士匾。堂屋正中还悬挂着孙中山先生遗像和遗嘱,两旁是三名进士的画像。祠堂虽然是家族活动中心,但这里却颇有斯文之地气象,学校在这样的地方择址,确实算是上上之选。

全校有一百多名学生,学习和住宿一起,有十多名老师,其中还有一名女老师,我在这里第一次听到女老师上课。教算术课是刘承全老师,第一师范毕业,是我小学阶段感觉最好的数学老师,概念教得清楚,叙述颇具层次。小学六年级的鸡兔算术题演算很难,但他述说有条有理,还很动听。刘老师还兼教音乐课,他教音乐很特别,常常安排我们学唱京剧。他的薛平贵回窑武家坡一段京剧唱腔,我至今还留有深刻印象。在故乡时,皮影戏、花鼓戏、湘剧我都接触过,接触京戏这还是第一次,感觉新鲜,唱腔好听,我一生爱好京剧,与刘老师的影响分不开。

黄材高级小学一年的学习,我的视野开阔了,见到了许多新老师,接触了更多的新同学,同学们来自不同地方、不同家庭,大家相聚在一起,同学习、同生活,建立起了亲密而真诚的友情,至今同学聚会时,都会难舍难离。追忆当年,我最大的变化,是对课外阅读发生了极大兴趣。学校订的一份报纸我每天必读,每日晚饭后,走廊的报架前,成我不弃之地,我如饥似渴地阅读报纸上的每一篇文章,接触到了课堂上和课本上不曾有的知识。我坚持读报,曾被同学们讥笑为“邮递员”,他们有意把读报与送报混为一谈。我也欣然接受,甘当这个义务的邮递员。在读报之外,我又想方设法找来一些课外读物阅读。小时候,曾在家听过很多故事,神话的、传奇的,最多的是历史故事。上了高小后,我就开始找相关的故事书来读,有的同学来自读书人家庭,他们就成了我的图书馆,经常借故事书给我,如薛仁贵征东、征西,杨家将,粉庄楼,陶澍访江南一类的故事书。这些故事书,在艺术上很粗糙,但却培养了我对历史和文化的兴趣。到上初中,我就将《水浒传》《三国演义》《西游记》等名著读了一个遍。课外阅读,虽然纯粹出自兴趣,但却对此后中学、大学阶段的读写能力产生了积极的影响。

1950 年春,我考入宁乡沩滨中学(后来的三中),进入初中学习阶段。当时宁乡县没有高中,只有五所初级中学,沩滨中学是其一,不仅在当地是很拔尖,在全省也是出类拔萃的。沩滨中学是私立的,抗战时期由湖南省著名的数学教师徐钰礼创办。1938 年 10 月,日军进犯湘北，岳阳沦陷，长沙告急，奉省政府令，长沙地区各学校疏散，徐珏礼先生当时是湖南省立第一师范的数学教师(后为湖南师大教授)，疏散时回到自己家乡宁乡黄娟五里堆。当时很多疏散出来的学生无处求学，一些教师也处在失业状态。1939年春，经他倡议发起，省立第一临时中学主任委员熊梦飞，省会名流贺耀祖、陶峙岳积极赞助，在黄材南京坪租借了一处院落为校址，私立沩滨中学在战火纷飞中终于挂牌成立。

沩滨中学最初校址在何氏墓庐，人多房少，室内光线暗淡，当地望族姜姓将其墓地桐梓园全部山林、荒地和旱土让予学校，学校有了新的校址，姜氏家族还凑足200多亩地契，使学校得以成功立案。我就学时，沩滨中学新校址已经建好，学校也办了十多年，已经蔚然成为湖南私立中学中的翘楚。

学校建在一个山包上，山下是一条小溪，常年流水潺潺。从山脚到校门是用纯一的褐色麻石条垒砌而成，一百二十四级，逐级上升，麻石宽若八米，要进学校需拾级而上。站在山脚下抬头仰望，学校在山顶上，石梯通天一般向上延伸，真有一种“仰之弥高”的神圣感，每次从校外回来，在爬这段石梯之前，总要歇一口气，静下心，仰望高处的学校，心中都会升起一股对学校的崇敬、对学问的敬畏之心。石阶两旁长着茂密的树木，无论冬夏春秋，每次登上这一百二十四级台阶，一步一步往上登攀时，总会有一种步步高升的喜悦和欢愉。从山脚登攀到学校，随着地势的抬升，视野也一步步开阔起来，胸襟更是雄迈万丈。站在学校校门口的平台上，可见一带溪水奔来脚下，四围田园尽入眼底，千栋农舍瓦脊连绵，万亩良田碧波荡漾。学校背靠大山，崇山峻岭巍峨逶迤，东临梨园，万木森森桃李芬芳，学校更是掩映在万木扶疏之中，环境优雅而空气清新，真斯文盛地也。同学们课后成群结队，登爬石梯，有时一个人静立山中，每每会少年意气兴发，书生豪情万丈。想来，徐先生选择校址时，是充分考虑到环境对学生对教育的影响的，其眼光之独到，心胸之伟抱，至今还有令我们后代从事教育者多有缅怀敬仰处。

新中国诞生，百废俱兴，朝气蓬勃，社会、政治、经济、文化出现前所未有的新气象。沩滨中学也是一派生机。最突出的变化是学校推行学生自治。学生们经选举成立了学生会，除学校行政和教学管理外，学生的伙食、住宿等日常生活都由学生们自己管理。我是学生会成员之一，负责管理同学们的伙食。我们成立了一个伙食团，其中包括厨工师傅，策划和管理同学们每日的伙食事宜。为了改善伙食，我们采取了两条办法：一是学生自己种菜，把学校的菜地划成若干片，每个小组一片菜地，每个小组按人数交一定数量的菜给食堂。沩滨中学的同学大都来自农村，具有一定的劳动技能，各小组都能完成任务，基本上做到了自给自足，只是品种单一，品质好的菜极少。其次，规定厨工师傅除了完成煮饭做菜任务外，还要喂养一定数量的牲猪，这样，剩饭剩菜可以喂猪，而等猪养肥之后，又可以杀了填补我们同学的伙食，肥肉熬油，一个学期的食油也就有了。每次杀猪时，全校同学都一起打牙祭，吃肉聊天，回顾一年的生活，节日一般热闹，其余烧柴用煤，都由同学们自己搬运解决。那时我们同学每个学期交三百斤谷，算是规定的学费，学校的费用，包括老师们的工资都在此内开支，经费自然相当困难。同学们自办伙食，虽然伙食水平低，但减轻了负担，保证了学校正常顺转。到第二学期，国家正式接收学校，沩滨私立中学改为公立，国家投入办学经费，学校经济条件大大改善了，学生自己种菜、自办伙食的制度也被取消了。

第二个变化，是在人民政府的号召下，学校掀起了大规模的劝学运动，凡是失学的青年，学校打开大门，吸取复学，许多出身不好的失学青年回到了学校。当时尚未土改，没有划阶级成分，家庭有困难的失学者,政府有经济上的补助。补助由学生会组织评定,非常民主,只问家庭经济状况,不问出身。

紧接复学运动之后,1951年,沩滨中学又沸腾着参军、参干热潮。随着大批翻身农民踊跃参军入伍,部队需要大批文化教员,对战士进行文化普及与扫盲教育。同样,乡村的改革也需要大批有一定文化知识的干部。这样,中学就成为人才备选基地。在政府的安排下,沩滨中学同学踊跃参军参干,沉静的校园,一时间沉浸在参军参干的热潮中。同学中参军参干的达六十余人。其中三十人胸前佩着鲜艳的大红花,雄赳赳气昂昂地加入了人民解放军。另外三十人送到了益阳地区干部学校,经过短期培训,成为农村土地改革运动的干部。当此参军参干热潮弥漫学校时,我一心只想读书的心开始变得不平静了,心底忽起波澜,祖国的召唤使我激动不已,参军参干多好啊,这在以前连想也不敢想。但读书的想法却也钩子一般勾住了我的心,那可是我梦寐以求的啊,何去何从,真的很难抉择,我的心情一时矛盾重重,用当时的话说,那才真叫"激烈的思想斗争"。

在我徘徊犹豫之际,沩滨中学副校长姜国芬先生的一席话,最终使我做出人生最艰难的抉择之一。姜校长是对我们这些没被批准参军参干的同学说的:"人的一生,工作机会多,而人生读书的机会不常有,你们年纪小,以后工作的机会多得很。"姜先生是日本东京帝国大学毕业生,原来在省立第一师范任教,她曾参加过1927年湖南农民运动,1938年还在黄材松树湾创办过"新生女校",曾几次被国民党政府以"共产党嫌疑"逮捕入狱。是徐校长几次登门拜访请她来沩滨执教的,她知识渊博,在同学中威信很高。她讲话言简意赅,深深触动了我。的确,在漫长人生中,入学读书的机会不常有,工作的时间却久长。而正在此时,母亲听说沩滨中学同学参军,很不放心,同婶娘一块步行三十多里来到学校,要我留在学校继续读书。姜先生的提醒与母亲的劝告，让我安下心来，继续学习。

在初小时我就对历史充满了兴趣，到了沩滨中学后，得以遍读学校图书馆的藏书，获益匪浅。沩滨中学最初虽是私立，但是姜国芬先生来了后，她先后四次步行往返长沙宁乡之间，选购了不少图书，尤其是一些进步书刊，还动员她以前的同事朋友捐献了部分图书，学校拿出办公楼的一半作为图书室和阅览室，姜先生又自己出钱资助成绩较好而家庭困难的同学担任管理员。我喜好的重点还是历史类书籍，历史类故事书看得更多，在校时，同学们都喜欢听我讲历史故事，还给我取了“历史学家”的绰号。虽然那时我从来没想过自己会一辈子从事历史研究，没想过自己与历史学有什么缘分，但得到这样的封号，心里还是美滋滋的。现在人过八旬，儿时很多的经历都成梦幻，但每当沩滨同学聚会时，他们都要提起这个名号，似乎我此后一生专注历史研究，要归功于他们的先见之明和在沩滨时他们的“指导”。细思之，人生一辈子，真的有谁能说清其中的因果缘起?!

沩滨中学两年半时间，到 1952 年秋季，我们提前半年毕业了。同学们分别在即，依依不舍，两年半时间虽短，但我们却经历了复学、参军、参干运动，经历了学生自治，经历了起居与共、如切如磋的美好时光，恰同学少年，一个个生龙活虎，天真无邪，碧玉一样的纯洁，水晶一般剔透的记忆，任凭时光如何流逝，少年的滋味永难忘怀。现初中同学，分布全国各地，但在世的同学至今保持联系。

二、就读长沙市一中

初中毕业时，我没把升学打算告诉父母，瞒着家里参加了益阳地区高中和中等专业学校统考。统考前，每个考生要填志愿，报考普通高中或者中等专业学校，普通高中主要在长沙，而中专则包括全国各地，以西北、东北地区的学校为多。但究竟是报考普通中学呢还是进中专呢，求学之路再次面临选择。入中专学习，经费国家负担，工作国家分配，很适合我这个农村家出身的孩子。而进高中，虽有学费上的负担，但可以为读大学奠定基础。思来想去，我还是填报了普通中学一类。初中时曾流行“要想学问深，就要进一中”的说法，我的第一志愿也就报了一中。统考完后，回到家里，把我参加益阳地区升学考试的事小心翼翼地告诉父母，乞求同意。父母对我毕业很高兴，但听我还要上高中，就觉得很诧异，一个农村孩子读完初中已很不错了，还读什么高中呢？对我升学想法表示不理解。进门时父亲的笑脸一时变得阴沉起来，一向挂着笑脸的母亲也高兴不起来。父母表情的变化，使我如热胸抱冰，凉了半截，但我不敢争辩，先乖乖在家待着，等候考试成绩。

事后，才弄清楚为什么父母不愿我继续升学。原来，1952 年时，正是全国到处大扫文盲和普及小学教育的高潮，小学教师奇缺，一些读了一点老书的农民也被拉上了小学教师岗位。我是正规初中毕业生，农会早已把我列入小学教员名单，母亲一直期待我当教师，现在有了这样的机会，早就等着我毕业的一天。

还有一个原因，土地改革是按照全保（村）没收地主田亩总数平均分配给无地农民的。我家虽租佃不少田亩，但所有权属于地主，除了自己应得的平均数外，多余的田地就应退给农会。父母为多分一份田地，希望我成家，成家则多一口人丁多得一份田，恰好我又满了十七岁，已到了论婚成家的年龄，依父母之命媒妁之言，就成亲立家了。现在有了妻子，生活在一起，做丈夫的自然要尽责任与义务。因此，父母认为，我应当留在本地作教师，尽家庭责任，不能作他想。

了解到父母的想法，我真是依违两难，依从父母安排，我从小笃定的梦想将要半途而废，终生遗憾。若是不听父母之命，又受良心责备。当时农村流行“有女不嫁读书郎，十夜九夜守空房”，这岂不正是如此吗？怎对得起刚过门的妻子？思来想去，没得办法，真是焦躁异常，坐立不安。而偏偏这时，高中录取通知书到了，我的心情更是起落不定，寝食难安，连父母见了也很担忧。到底是留下来做一个小学教师呢，还是继续深造？情与理的冲突令我无所适从。真的，有时我想，要是人生没有这么多的选择，一切都被安排好了，倒是轻松很多，为什么一再让我面对这样艰难的抉择呢？到底是命运弄人，还是命运由人？人生真是难得两全啊。

在这样的折磨中，面对手中的录取通知书，我竟一时失神发呆，魂不守舍一般。但也就这失神之时，沩滨中学副校长姜国芬先生的话忽然在我耳边响起，“人的一生工作机会多，而人生读书机会不常有”。是啊，在人生最难抉择的紧要关头，总会有灵光一闪的时刻，把我从困苦中超拔出来，替我做最后的抉择，这究竟是我命中注定，还是别有精神的理想在引导我？我不得而知。但一想到姜国芬先生的教导，就顿时精神一奋，一切的焦躁顿时无影无踪，一种巨大的力量引导着我前行，给了我勇气与信心，我下定决心走继续读书这条路。仿佛上天安排好了一样，这时的我总能口若悬河，把自己的理由陈述出来，有时说得连自己也感动了，自然，善良慈祥的父母毕竟是疼爱儿子的，经不住儿子的雄辩与苦求，他们最终答应了我。但做出这样重大的抉择，在父母双亲，毕竟也是心里没底，母亲是相信命运的，她特意请算命先生给我算命，算命先生对母亲说：“你儿子三月廿八日（农历）辰时生。辰属龙，三月正是春雷动的时候，雷催龙出，这是龙要出洞的时候，龙如出洞，没有任何力量阻挡得了，你儿子外出读书，是他的命运。你儿子的生辰八字，注定是外面的人，不会持守在家。”母亲听了算命先生的话，把我的前程交由命运。算命先生的判言，不仅母亲相信，连父亲和我新婚不久的爱人以及岳丈也信以为真。命乎,命乎,又有谁说得清呢?

这年8月,学校开学的日子,我又踏上了升学之路。我远地读书,妻子把她出嫁的被褥和木箱给我,这是她真挚的支持。我肩挑了一床被和一口木箱,与考入长沙明德中学的吴佳华同行。这次读书远离家庭,路程远,平时很难见面了,所以母亲和爱人不忍离别,足足送出了三里地。但“送君千里终须一别”啊,离别时,母亲清泪长流,依依不舍。临行时,没读过书的母亲谆谆告诫儿子:“读书是好事,将来要做一个教人子弟的好老师,千万不要去做官,当官的人总是摆不平事情的。”父母送儿子读书,总是期望儿子有朝一日跳龙门,求得一官半职,光宗耀祖。我没想到自己的母亲,会对儿子说出这样的嘱托。事后细想,母亲的话,是几十年人生经历的感悟啊,她为外公外婆被害状告无门,历经磨难,见不到青天,得不到公正,她怎会忍心让自己的儿子去蹚这一潭脏水呢?一个普通农家母亲的话,具有怎样的人格力量啊,我伟大的母亲!儿子将终生铭记母亲的教导,无论做什么,都要公正持平,绝不冤屈世人,绝不使天下的母亲遭受她一样的苦难。可告慰母亲在天之灵的,儿子一生,虽起伏浮沉,历经坎坷,但不管做什么事,不管是手中有权,还是一袖清贫,不管处人生巅峰,还是落拓平阳,我都时刻铭记您的教诲,记住了公平、公正,不欺暗室,不昧良心。临行,我亦噙着眼泪,向母亲保证,说:“娘,您放心,我会经常写信回家的。”

说完,我迈开沉重脚步,依依惜别,一步一回头,看着伫立在烈日下的母亲,看着她慢慢远去的身影,看着她迈着艰难的步履,转过山坳,消失在视野外。失控的泪水,打湿了我的衣襟。母亲老了,为了家庭日夜操劳,母亲已经苍老了许多,脊背也开始变驼,母亲啊,儿子不能在家尽孝,愧为男儿!但儿子一定记住您的话,好好读书,将来做一个好教师,以报答天下父母,您老放心吧。

那时，从宁乡去长沙，还全靠步行，我们担着行李，整整走了两大，才到盼望已久的湖南省会长沙市。这是我这个农家孩子第一次进入都市，进到另一个世界。城市的世界，一切是那样的新奇、新鲜，那样的热闹繁华。高楼林立，车水马龙，街道两边是琳琅满目的商铺，人来人往，入夜时是雪亮的电光，照得黑夜如同白昼；城市景色，五彩缤纷，目不暇接，真是令人倾倒。

按照通知，我入住长沙市广益中学（后为湖南师大附中）。两天后，到省立一中正式报到注册。那时，长沙市中学处在大调整时期，所有的私立都改公立，正式为国家接管，为了适应国家大规模经济建设，名校也都扩大招生规模。湖南省立一中与清华中学合并，改名长沙市第一中学，分高中部初中部，中间隔着一条马路，高中部新校区尚未完工，高中新生仍住在老校区。这次高中新生报到达 350 人，为一中建校以来所未有。350 个同学分成 7 个班，每班 50 人，从十二班依次排到十八班。我分在十二班，50 个同学中有 10 位女同学。同学们虽然来自全省各地，但并不感觉陌生，我们相聚一起，成为同窗学友，成为共同学习中相互砥砺的战友，大家都有相识恨晚的感觉，似乎进到的不单是仰慕已久的长沙一中，也是进到一个兄弟姊妹济济一堂的大家庭。

如果从 1912 年的湖南全省公立高等中学堂算起，到我入学时，一中已经有 40 年历史了。作为一座历史悠久的名校，当时的一中有“南方北大”的光荣称号。20 世纪 50 年代初社会大变革，中学大规模重组，一批在民国时期的著名的学者、教育家进入一中，一时间名师荟萃，俨然学术重镇。如抗战时期与范长江齐名的著名记者、邵阳才子严怪愚先生（1911—1984），1949 年后，先后出任《大众晚报》《大众报》副社长，后调任通俗读物出版社副社长，因此前一直做记者，自由散漫惯了，无法处理好个人与组织、自由与纪律关系，无法适应新时代新环境,更难以适应领导工作,就放弃干了20多年的新闻工作,放下笔杆拿起教鞭,改行在一中教语文。不过即使做了教师,他那平时不修边幅、自由散漫的文人习气还是改不了,与当时的气氛确实有些格格不入,不合时宜。不过他讲起课来,是辩才无碍,时而风趣幽默,时而慷慨激昂,总是把同学们的情绪吊得如痴如醉,听他的课有如读他的社评一样,知识广博而见解犀利,他上课从来不照本宣科,有时会从课堂扯到抗战,说到国民政府的各种内幕,口无遮拦,在学生中影响很大,但这样的文人习气,很难在中学立足,所以大约一年时间,就去了湖南师大。语文教师彭靖也是著名报人。英语教师是张普安(毕业于雅礼大学),历史教师是黄际洋,都是湖南中学界很有名望的老师。理科方面有汪澹华,对数学有很深造诣,尤其精通代数,因此有"汪代数"之称。他对自己的教学与学生的学习十分严格,甚至到了等于号的两横都必须写正对齐的地步,说不这样就不叫等于,他还经常提醒我们要"精通原理原则,消灭计算错误"。有些学生受不了他的严格要求,背后甚至叫他"阎罗"。理科方面的名师还有陈六平,有"陈几何"称号、郭德垂(字琴轩,有"郭化学"称号)等。

一中读书风气浓厚,但学生并不是死读书,而是思想活跃,有民主传统,课外活动多,学生社团多。1952年时,湖南省教育厅在一中调研,调查报告中说,一中学生因袭了原省立一中的革命传统,具有不屈不挠的斗争潜力,在斗争中养成与锻炼了敏锐的政治感觉和爱国热情。学生有着自由研究学术的浓厚空气,故有"南方北大"之称。但也有着"自由散漫作风","有理的服从,无理的反对"名声,这是学生为了争取民主、自由、反对"法西斯"纪律约束的一种表现。正是有这样的传统,一中的学生社团特别活跃,在当时全国都小有名气。学校有历史悠久的"惜阴社""移风社",还有"星火社""春园社""嘤鸣社""哈哈画社"等,尤其是在戏剧音乐方面的课外活动多,学生社团也多,演出水平高,如1948年,“怡社”还在省会长沙联华剧院公演话剧《心花朵朵开》,新中国成立前夕在中山公园和平戏院举办歌舞公演,为学校筹措资金,影响很大。在这样的氛围中,很多同学爱上了戏剧表演,在彭靖老师的指导下,我们班同学经常走出校门,与湖南的戏剧界取得联系。我因为担任班级戏剧组组长,还曾多次拜访湘剧界的著名演员,邀请他们来校讲解舞台人物塑造,其中有著名旦角演员彭俐侬(《电演拜月记》主演)、老生徐绍清(电影《琵琶上路》主演)、小生陈剑霞(电影《打猎回书》主演)。他们在学校既讲又演,引来了外班大批同学观看。彭靖老师还充分利用他的老报人身份,帮助我们联系并访问当时的省文联主席魏猛克、省文化局戏曲研究室主任铁可。他们虽然都是老前辈,但对我们这些后生的冒昧来访,却是热情接待,为我们讲解他们在实践中积累了多年的个人心得。魏主席还介绍了他当年在上海搞地下工作时曾得到鲁迅的帮助。铁可向我们详细介绍了湖南几大地方戏剧的特色。我自己大受影响,曾经一度甚至想报考戏剧文学专业。

我们班文学戏剧小组很活跃,我自己在课外更是读了不少的戏剧脚本。现代戏剧如《雷雨》《棠棣之花》,古典的如《西厢记》《牡丹亭》《长生殿》《龙舟会》(王船山作品)等。文学方面,读过《子夜》《家》《春》《秋》《红楼梦》,苏联小说《钢铁是怎样炼成的》《普通一兵》等。我们还举行戏剧讨论会。在讨论之前,小组组织同学集体到湖南湘剧院观看著名旦角彭俐侬演出的《陈三五娘》,这是从福建移植过来的剧目。看完演出后,我们还借来了《陈三五娘》的演出脚本阅读,并对演出与脚本进行热烈讨论,讨论完之后由我执笔写了一篇戏评送到湘剧院。没想到,这篇60年前写的戏评文章,初稿竟然保留至今。

最值得回味的是,我们班戏剧小组演出了邵阳花鼓戏《打鸟》,主演是女同学刘清兰(后入天津大学)、男同学刘金柱(后入北京地质学院），操琴张振福（入北京航空航天大学）、邹鸿钧（入武汉海运学院），我担任导演。其实我什么都不懂，只知道一些表演程式。但既然同学推举我，我也凭着初生牛犊不怕虎的精神，大着胆子上。没想到，在大家共同努力下，演出还真是有模有样，一时轰动了全校。

一中课外活动特别丰富，至今难忘。学校为适应学生个性化发展，组织了很多课外活动小组，当时还没有开始文理分科，但课外活动却划分成文科与理科两大类。文科方面社团与课外活动更多，几乎每班都有文学社、戏剧社，我们班成立了文学、戏剧研究小组，我担任组长，经常举办各种活动。

1954年，国内学术界展开红楼梦大讨论，一些同学也来了兴趣。文学小组于是借机组织讨论，大家先是细读原著，然后各自发言，气氛热烈。有的同学对贾宝玉这个人物很不理解，为什么作者要把贾宝玉刻画成玩世不恭、不务正业的公子哥？为什么林黛玉这个多愁善感的小姐会脆弱到见花堕泪、对月伤怀呢？同学们虽然觉得几个主要人物的个性刻画活灵活现，但以为有些描写还是无法理解，似乎过了。对于人物性格，同学或喜欢晴雯，或喜欢袭人，或厌恶凤姐，或厌恶宝钗，争论得不可开交，真是每个读者心中都有一部红楼梦，每个读者都有自己的心仪对象。当时学术界的主流声音正在批评薛宝钗缺乏叛逆性，有的同学却发表自己的不同看法，认为薛宝钗劝丈夫上进，温情贤淑，这正是中国传统女性的本色。有位姓李的同学还说，如果大家要找伴侣，肯定是找薛宝钗，而不是找林黛玉，女同学找男朋友，也绝不会找贾宝玉这样的人。说得大家都笑了起来。语文老师彭靖先生也参加我们的讨论会，总是从艺术上和思想上对作品做出分析，并对同学们的发言做简单点评，引导我们进一步思考。

一中良好的教育环境，像磁石一样吸引着我，整整三年，六个寒暑假，我仅在第一个寒假回过一次家，其余五个假期都留在学校读书，真有珍惜“寸阴”的感觉，这样学而忘家的事，不仅在我们班上是唯一，在全校也很少见。几个假期，我都在读课外书，因为平时学习紧张，没有时间阅读“闲书”，假期正是大好机会。那时，虽然所读不是圣贤经典，但还真有点“两耳不闻窗外事，一心只读圣贤书”的感觉。我被书吸引，沉浸其中，每日里手不释卷，简直到了忘却家室、不知有今的境地，典型的书呆子味道。现在回想起来，寒暑假本是读书人的归期，学子们正该借此冬夏两假回家，尽人伦之常情，但我却沉迷书籍，母亲盼子子不归，妻子盼夫夫不回，真是对母不孝，对妻负心！欠下的亲情债，永远无法补偿。然而，这样的醒悟，要到此后很长时间才明白。那时的我，根本就没顾及这份人之常情，不仅中学三年只回家过一次，后来到了大学读书，四年中间，也只回家一次。现在回想，还不明白自己为什么那样迷恋书本，几乎中毒一般。

在长沙一中时，还有一件小事至今难忘。刚入学时，全国各地正掀起一股技术学校招生的热潮，东北、西北、中南各地的中等专业学校的招生广告铺天盖地，与我一起来长沙的吴佳华抵制不住诱惑，放弃了高中，去了武汉电业学校，虽然他邀我同往，但我还是拒绝了，入学第一星期，本来被宁乡一中(刚搬迁至宁乡的省立五中)录取的初中同学王锡群，也改读东北农业学校。她怕家人不同意，瞒着家人去东北，但她没有被褥，跑到一中找我，希望我借被褥给她，然后去信家里再归还我。初中同学在一中的只有我和刘里侯两人。当时我想，被褥给了王锡群，我怎么办呢？刘里侯同学很热心，他主动提出与我合睡一床。我就把爱人助嫁的新被褥给了王锡群，和刘里侯两人挤在一张单人铁床上，抵足而眠，几乎达一个学期。

这件事确确实实惹来了麻烦，刘里侯是十四班的，与我不在同一个班，寝室也不在一起。我借宿他处，造成长期不归宿的印象，班长很有意见，好在每次都临时编造一些借口搪塞过去了。后来，到了学期末，王家终于送来了一床旧被褥。而我，也就始终拥着一床破旧不堪的被褥安眠，度过了中学三年，而后又带入大学，总不敢向家人提及。到了大学后，一位原初中同学而现在武大数学系的秦月君见我不耐五更寒，就送给我一床很厚的俄国毛毯，才熬过武汉的冬天，以后学校又补助了我一床新被褥，一直用到工作之后。

这件事，我从来没有向家里提过，二十多年了，与王锡群同学也没有联系。“文革”结束，王锡群调回宁乡工作，在一次同学聚会上，我们才再次见面。同学相聚不易，互相回忆少年时期的旧事，感叹人生易逝，光阴如流，我忽地想起当年借被褥的事情，王锡群同学才知道这是我老伴的助嫁被褥，很是过意不去，再三向我致歉。当时我老伴也在场，但没想到的是，她很是大度，竟语带诙谐，对我的同学说：“这是陈家老祖宗的传统，当年他曾祖父在寒天脱下棉衣送人穿，他也同老祖宗一样，把自己的被褥借给同学。”

三、武汉大学学习

1955 年上半年，进入高中学习最后一个学期，我们都全力以赴准备大学升学考试。选择专业方面，我决定放弃曾经一度的梦想——戏剧文学，准备报考历史专业。戏剧文学专业太窄，发展受到限制。历史专业则不一样，凡是历史上发生的事都是历史，连文、史、哲都涵括无遗，发展空间很大。我理想的大学有三所，北京大学、武汉大学、中山大学。但去北京，天气冷、没米饭吃，得吃杂粮，南方人总有些不习惯，而去广州，那里的排外习惯浓厚，我又不通粤语，交流障碍大，想来武汉最为理想。所以我最终选择了报考武汉大学。

7 月上旬，升学考试结束了，同学们纷纷离校回家，等待录取消息，我也回到了离别已两年半的家乡，见到了久别的亲人。母亲见儿子归来，非常高兴，为了接风专门杀了一只鸡，还把我平时最喜欢吃的菜做了满满一桌子。

半个月后，乡政府通知，武汉大学的录取通知书到了，我激动得跳了起来，拿到通知书，一口气跑回家，把好消息告诉家人，全家为我欢腾起来。一向木讷的妻子，这时也激动起来，雀跃欢叫。消息很快传遍乡邻，乡邻们一个个都来祝贺，岳父也特意来祝贺我这个大学生女婿。陈家出了第一个大学生，本族都在议论。说我曾祖父锡龄公后继有人，二代之后文脉又传，说我定有好的前程。人生有三喜，金榜题名时，洞房花烛夜，他乡遇故知。我这也算是“金榜题名时”了。

到了 8 月中旬，暑假即将结束，新的入学路程又要起步了。“要多写信回家哦”，在母亲的嘱托声中，我再次告别亲人，踏上了求学的征途。8 月 27 日晚，在长沙乘北去的火车，28 日清晨到达武昌火车站，武汉大学在车站设有迎新站，将我们送达了学校。

坐落在珞珈山的武汉大学历史悠久。雄伟的民族式建筑与瑰丽的罗马式建筑分峙珞山与珈山下，构成两个各具特色的校舍建筑群。在两山中间，有一片开阔的平地，满布着茂密的森林和花草，两山山脚各有一条宽大马路，沿路排列着参天的法国梧桐，珞珈山马路两旁种植的是樱花树，一到春天，万花怒放，仕女如织，构成武汉大学的一处胜景。学校又依傍着美丽的东湖，万顷烟波，水天一色。波光粼粼中，水鸟来往飞翔，鱼儿自由穿梭，真不愧为全国最美的高校之一。孔子说：“智者乐水，仁者乐山”，武汉大学有山有水，正是陶冶智者和培养仁者的佳境。

1959 年，历史系新生一共招收了 90 人，分 3 个班，我编在甲班。同学主要来自中南地区几个省份，以湖南居多，其次是广东。

清华校长梅贻琦说，大学者，非有大楼之谓也，有大师之谓也。在中学时代，我就对大学教授，那些大师们充满仰慕。在我心目中，教授是有学问的人，是科学家，是有风度的学者。进到大学，最想一睹这些大师们的风采。20 世纪 50 年代的学风，还承续着民国遗韵。那时对于大学教师，还不兴称老师，而是尊称先生。在当时，老师一词，是称呼下层人群的，那些工匠、师傅等。当时的先生们，也一律一袭青衫，长衫及履，有时看见他们在校园中散步，风度翩翩，宛若天人。做学生的没有敢轻易上去搭腔的，即使远远见到，也要恭恭敬敬鞠躬行礼。不像现在，师生之间，平等相见，你我之称，没有恭敬之心。

一个星期的新生入学学习后，我们正式开课了。我的大学第一堂课是世界古代史，主讲老师是我们的系主任，留学美国哈佛大学的著名学者吴于廑。吴先生是中国的世界史主编人，为武大“哈佛三剑客”之一（另两位为著名法学家韩德培，教育家、中国发展经济学之父张培刚），完全不是中式先生的打扮，而是夹着皮包，西装笔挺，领带光鲜地走上讲台。全体同学起立致意，吴先生稍稍示意我们坐下，没有开场白，没有闲话，就直奔主题，开始他那著名的希腊古代历史讲授。吴先生的课引经据典，有条有理，时而穿插一些神话故事，妙趣横生。他的声音抑扬顿挫，特别有吸引力，听他的课就是一种享受。

与吴先生的西化西学截然形成对比的，是业师唐长孺先生（1911—1994）。他讲中国古代史，以魏晋南北朝为主，而其着装亦是中古式的，青布长衫，方头布底，蓝色布包包了他上课的所有资料，迈着中式方步走上讲台。

历史系当时还有湘籍史学大家李剑农先生（1880—1963），他是当时武大的“五老”之一，他的《戊戌以来中国政治史》《中国近百年政治史》名著是我们的必读书目。但李先生因长期大量地阅读史料，双目已经失明，不再能给我们开课。学校专门给他配备了一位教授担任助手，帮助他整理中国经济史论著，可惜我们只能通过学长得闻他的光彩，而无缘亲受咳唾了。

大学教授授课与中学老师最大的不同，是不照本宣科，上课有史料，有议论，有发挥，旁征博引，引人思考。他们不仅介绍他人的观点，还会把他们自己的研究心得传授给我们。在授人以鱼的同时授人以渔，引导我们进入学术殿堂。他们的教学方式无形中影响了我，成了我学习的楷模。我十分尊重我们的授课业师，希望自己有朝一日也能像他们一样登台传播自己所学，做一名大学教授，做先生。

大学期间，我是班长，同教授们接触较多，但业师唐长孺教授对我的影响最深，他也是我终生最为尊重的先生，我们之间结下了深厚的师生情谊。至今，我还保留着发表在《长江日报》上与先生的合影。

但纯粹听课是无法满足我的读书欲望的。我喜欢历史文化方面的知识，特别对历史上的政治家、思想家有兴趣，但历史系的授课内容很少涉及这些方面，我只得自找门径，去图书馆读书。武汉大学的藏书之多在国内大学有数，除了上课，我几乎都泡在图书馆和阅览室内，涉猎了大量的历史书籍。古代史类的《史记》《三国志》《新唐书》《旧唐书》等，近代学者的经典著述，如梁启超的《清代学术概论》、郭沫若的《十批判书》，侯外庐的《中国思想通史》、陈寅恪的《隋唐政治制度渊源稿》等。我们班主席谢显清同学曾在班上说，“要想找陈谷嘉，只要到阅览室准可找到”。1956 年，党和国家号召向科学进军，这大大激发了我读书的积极性。我终日守在图书馆里，不问世事，没想到这样的苦读使我逃过了一大劫难，1957 年全国规模的大鸣大放，我几乎不知道发生了似的，一场政治风波就这样悄无声息地从我身边滑过了，现今想来，真是一个异数。

大学阶段必须注重自学，课堂授课只能得到一些基础知识，老师主要起引导作用，大量的知识要靠课外阅读，进入深奥的学术殿堂，更是要从课外摸索路径。我与唐长孺教授的接近即是从课外学习的疑惑求解开始的。一般而言,老师对屡提疑惑的学生会较关注,常常乐意与学生进行学术上的对话,我与唐先生的问答,一直保留到工作后,唐先生对我的指导可谓终生不懈。

1957 年上学期,宁静的珞珈山校园,大鸣大放风潮忽起,在所谓帮助党整风的号召下,大字报、思想论坛、马路论辩风起云涌,搅乱了校园的正常秩序。图书馆、阅览室门可罗雀,大家的心思都被鸣放裹挟,卷进了鸣放的旋涡之中。武大的文科反应尤为强烈。我所在的新二栋学生宿舍是中文、历史、外语系的同学的寝室,就成为学校鸣放风潮中心之一。中文系最为激烈,历史系也紧跟其上。我们年级少数人成了积极分子,时代大潮的弄潮儿。当时我正在读侯外庐《中国思想通史》第一卷,阅读非常吃力,无暇顾及周围发生的一切,而且还与同学蔡镜泉约定,双方交流阅读心得,因此须认真准备。我是一个普通学生,学校没有规定学生一定要参加党的整风活动,我也乐得逍遥自在,学校三个月的大鸣大放,我基本置身事外。至 7 月学校放暑假时,我就回到湖南老家,这是四年大学里唯一的一次。

9 月开学时,学校形势大变,大鸣大放之声还未息,反右派斗争又如火如荼展开。与以前大鸣大放不一样,所有老师与学生都必须参加,任何人不得例外。我因为没有卷入大鸣大放的旋涡,组织上几次找我谈心,要我担任班长,参加班上反右派斗争的核心小组,我班有三个中共党员,我虽是核心小组成员,但主要负责班上教学与学生生活事务。我们这些青年学生,从来没经历过政治运动,所以反右派斗争一开始,大家都很紧张。第一次听到"右派"这个称呼,也第一次才知道"右派"是阶级敌人,反右派就是反对阶级敌人的进攻。学校里四处是对右派的声讨,批判右派的大字报。原来相交相好的同学,一霎时成了右派,推上了斗争台。这种突如其来的转变,使我茫然失措,毫无思想准备。

在我的四年大学生活中,"反右"斗争才是此后系列运动的开始,真可谓一发不可收拾，此后运动一个接着一个，运动不断。

经过反右、拔白旗、“大跃进”和思想解放一系列运动之后，到1958年秋，我们年级转入下乡调查，任务是到大别山老苏区进行党史调查。老师们也必须参加，同学们则分成若干小组，分别到根据地中的红安、罗田等县进行调查。我们小组由四位同学和三位老师组成，由我担任组长。年过半百的唐长孺先生在我们一组。

我们小组的目的地，是罗田县幸福公社一个偏僻的大山村，路程四十里，全是九曲十弯的崎岖山路，本地农民行走也十分艰难，但唐先生和我们年轻的学生一样，肩挑被褥和行李，一路步行。唐先生出生于书香世家，在江南一个城市长大，从未去过农村。加之他高度近视，行走极不方便。十月的山区，秋风瑟瑟，颇有凉意，一脚低一脚高的唐先生，跟着我们队伍，亦步亦趋，弄得满头大汗，汗珠模糊了眼镜，连看路也困难，但他还是坚持自己挑行李，不落队。我实在不忍心，要求唐先生放下行李，由我和另一个同学分担。但唐先生执意不让。他对我们说：“没有关系，我不会跌倒的，我一辈子没走过这样的山路，这也许是我锻炼的好机会。”唐先生的意志坚强，令我辈感动。平时，我只从书本中认识到，举凡有大成就的学者，都经过艰苦的磨炼，具有极强的毅力，这次，却从唐先生的行为中得到了真切的感受。

在乡下，我们同当地农民实行“三同”：同住、同吃、同劳动。白天同农民一起劳动，晚上进行党史调查。那时正在大办人民公社，人人吃食堂，粮食不够吃，吃萝卜丁与大米合煮的饭，菜里几乎没有油，生活艰苦，农民如此，我们也只能咬牙挺着。

罗田县近两个月的党史调查，我们访问了一些游击队战士，基本上都是听农民口述，了解到的一些红军活动材料，基本上没什么史料价值。严格地说，这不是真正意义的党史调查，而是一次接受革命传统教育，当时的安排也没有希望我们能调查出什么，没想过对专业学习上有什么帮助,是按接受革命教育设计的。

我们在幸福公社党史调查,时值寒冬,大别山雪花飞舞,快要封山了,一旦封山,至少一个冬天就得待在山里。好在这时,我们小组又奉调到罗田县城关公社编写人民公社史。公社领导听说我们是来写他们公社史的,非常高兴,把我们安排与公社干部同住同吃,生活有了极大改善。除夕晚上,公社还特意为我们做了一顿年夜大餐,大鱼大肉,烧了一盆旺旺的炭火,送来了一筐罗田特产板栗,师生们一起热热闹闹在农村过了一个特殊的除夕之夜,大家都兴奋、快乐,聊天攀谈到深夜。翌日清晨,罗田县委书记带着队伍挑着农肥敲锣打鼓地来到公社贺新春。新的一年就以这样特别的方式到来了。这也算是人生第一次经历,至今难忘。

新年过后,我们抓紧了人民公社史的编写工作,在公社的支持、唐先生的带领和我们小组同学的共同努力下,编写工作倒是进行得很顺利,最后完成了一部像模像样的《罗田县城关人民公社史》,随后在武汉大学学报上公开发表了。这虽算不上史学著作,但也许是当时全国出版的第一本人民公社史,可以为后人研究人民公社史提供参考。

那真是一个"大时代",岁入1959,又是一个不平凡的年头,"反右运动"才结束,"反击右倾主义"的斗争在秋季又开始了。好在上半年,在全国大兴读书之风的影响下,已经正式复课。一年半以来,劳动场地换了很多地方,却没有进过一次课堂,干了许多体力活,却没有一次摸过书本,爬过了大别山的崇山峻岭,却没有在求知路上前进一步。确实,"劳动中出不了爱因斯坦,挖土中挖不出司马迁",把体力劳动当作高等教育的主课,轻视书本学习,重视所谓的思想教育,使我们这一代大学生付出了重大代价,我和其他同学一样,患上知识饥渴症,当时发动的"大兴读书之风"运动,也许是治疗"知识饥渴症"的一剂良药吧。我们回到阔别一年多的教室,如饥似渴地、专心致志地倾听老师们授课。历史系这时开设了几门层次较高的专门史课程,供同学们选择,我选择了唐长孺教授的魏晋隋唐史专题,谭戒甫教授的先秦文化史、墨子发微、公孙龙子发微等专题。同学们身经磨难,这时的学习积极性特别高,以抢时间的心态读书,所以,虽然只上了半年课,但我们收获多多。这是我们大学四年最后一个学期的学习机会,哪能不珍惜?!

7 月,又到了毕业季,毕业班同学正等待工作分配。当时,研究生教育停招,我们再没有继续求学的机会。毕业,也就意味着人生学习最后阶段的结束,意味着人生转到陌生而崭新的工作之途,面对这样的人生重要关头,本来是需要我们做出自己的选择,但那时却没得任何选择的机会,一切听从组织分配,一切服从党的需要。留给我们只是等待,等待另外一些人决定我们的命运。等待,大家紧张而焦躁地等待着分配方案的公布。公布方案那天,天气炎热,武汉青黛的天空中忽然升起了乌云,将城市笼罩着,高温与湿气相加,闷热难耐。就在这样的氛围中,党总支书记宣布了我们的工作去向,除三名"极右派"同学没有分配单位而是送去劳改外,其余都分配了单位,我们从此算是有组织的人了,有单位的国家干部了。当时的工作去向大体上有四个:中央机关、科研单位、高等学校、中学教师。我被分配到家乡湖南大学任教。当时党总支书记对我说,原本想让我留校,但考虑到我已结婚,需要照顾,就把我分到湖南了。同学们接到派遣单,有的高兴,有的委屈,有的脸色阴沉,有的翘首望天。四年同窗,即刻分手,本来在此分别之际,理应惜别依依,相诉离愁。但这四年政治运动不断,很多同学深受伤害,隔阂如冰块一般冻结在我们心中,一时间哪能消除?因此,本应相拥送别,却变成了不欢而散,很多同学,这次毕业一别,竟成永诀。我们的初中、高中同学常有聚会,唯有大学同学没有一次聚会。四年同窗,太多的苦涩记忆,也难怪我们不愿回顾!不怪同学不懂情,是时代没有给我们机会啊!

第三章　师生记

中国几千年的社会，老师与学生构成了一种特殊的社会关系，如果说父母是人生的第一个老师，那么老师则是人生的第二个老师。生我养我者是父母，教育培养我者是老师。“一日为师，终身为父”，古代社会，人们把老师看作是仅次于亲生的父母，对老师极为敬重。

虽然古代社会的“五伦”，即君臣、父子、夫妇、兄弟、朋友“五伦”中没有师生关系一伦，但实际上师生关系是比“五伦”更重要的关系。古代思想家荀子把老师与天、地、君(国君)、亲(祖先)并列。他说：“上事天，下事地，尊先祖而隆君师，礼之三本也。”老师有天之高，地之大，老师位至尊如国君，亲比自己的祖先(亲)，敬天地、敬先祖、敬君师是礼之三本也。家家户户的神主牌位上方都贴上“天地君(国)亲师位”。老师受到所有人的尊重和祭祀。老师受到尊重，老师教养名徒也受到尊重。凡文庙的大成殿，除了至圣先师孔子像以外，还有他的四个爱徒即谓“四哲”的曾子、子思、颜回、孟子位列两旁，同样受人祭祀。孔子门生中，贤人七十二，弟子三千，流传千载，孔子被我们民族奉为“万世师表”。

笔者平庸一生，在人生的舞台上，曾扮演老师与学生的双重角色。做学生整整有十九个春秋，与老师相伴，度过了自己的青春岁月。虽时过境迁,但老师的教诲,言犹在耳,老师对我的影响,已刻在岁月的年轮里,老师对我的关爱,刻在我的心里。我在舞台上扮演老师的角色,也有五十一年,几乎占去大半生的时间,学生分布全国,留在身边保持经常联系虽是极少数,但与学生一接触,好似回到了当年手执教鞭的火热生活,似乎在我面前站立无数的浪漫天真纯朴的青年,他们激越的青春活力,不断地激荡着我已垂老的心灵。在此作我人生答卷的"岁月留痕",我不禁想到教育我的恩师,想到可爱的学生。《师生记》是我人生舞台上扮演老师与学生双重角色的回忆。

一、不忘的恩师

孔子说"三人行必有我师也",这是说一个人在人生过程中有很多老师。但真正影响人成长和立业的老师只有两位,一位是生我养我的父母,另一位是教育我和培养我的学校老师。人从娘胎里来到一个陌生世界,好像失去了依靠,一落地哇哇大哭,很快得到母亲的抚爱亲昵,宝宝停止了哭声,睁开双眼,竟不是娘胎里那样的封闭,面对的是一个开放的人生世界,一切都放心了,安心睡了,只有肚子饥饿时才发出唤喊妈妈的哭声。经几年,脱离了襁褓跟母亲学走路、学说话、学认人……母亲做了人的第一位老师。

当人走出了娘的怀抱后,走进这个陌生世界,一切都感到好奇,天那么高,地上生长着千奇百怪的生物,既感到奇怪,又感到新鲜,不时地向父母提出在这陌生世界遇到种种问题,好奇地发出追问,人开始懂事了,已开始思索所生存的世界了。父母由生养儿女已转变为兼有化育人生的教育者,儿女在父母教育下已开始摆脱了动物的直接性和本能性,开启了人生第一步。

随着小孩年龄的增长，活动的范围越来越广，与周围环境发生关系已大大超出家庭的范围，接触事物越来越多，由此产生了对知识的渴求，已到上学的年龄了，孩子们走进了课堂，开启了知识启蒙教育。在老师指导下，孩子们迈上了寻觅知识的人生之路，变成了老师的学生，老师却成了培育和开发人的智力潜能的开拓者，老师成为人类灵魂的工程师，成为文明圣火传递的旗手。

我一生有二十年做学生，教育我的老师不少于几十位，有的是我的启蒙老师，有的是使我一步又一步地踏上了知识阶梯的引导者，还有的是引领我走上学术研究的导师。二十余年学生生涯，在学习的每一阶梯上，都深深地烙上了老师坚实的脚印，都洒下老师的汗水。教我的老师，虽都已作古，但他们音容身貌，恍如昨日，清晰可见，令人难以忘却。

恩师绵衍，“雨露春风思往昔，师恩高厚与山同”，当我提笔作《师生记》，一位位恩师、一桩桩往事涌上心头。情思之中，产生一种幻觉，一个又一个恩师向我走来，如同往昔一样，慈祥亲切地紧紧握着我的手。第一个向我走来的是我的小学老师陈畅芳。陈老师是我的堂兄，宁乡乡村师范毕业。他幼小脚残，行走不便。我小学四年，有三年受他教育。虽然脚残给陈老师带来痛苦，但陈老师却一心扑在事业上，对学生特别爱护，像父亲兄长般呵护着学生。他教我的语文，课堂上谆谆教导，耐心细致，非常动听，深受学生欢迎。他把我看当作亲弟弟一样，教我知识，关心我的成长。在小学几年，我的成绩年年优秀，他总是鼓励我，表扬我，要我做曾祖秀才锡龄公的好子孙，要我养成读书的好习惯，要尊敬读书人。陈老师还活在我心里，好像我还在聆听他的课，好像他双眼凝视着我。这虽是想念老师产生的幻觉，但幻觉却真实地反映了我对老师的怀念。陈老师的教导，注入我幼小的稚嫩的心灵，随着我年龄的增长，刻记在心，虽时过数十年，至今不忘。

中学阶段六年的学习，教我的老师很多，但这些老师我还记得很清楚，每次中学同学集会时，对老师的回忆是我们集会的主题，每当话及于此，同学们总有说不完的话，虽说我们已成老学生，但一想起当年的老师，大家都很兴奋，似乎又回到了过去做学生的岁月。越是年老，越是想念我往日的中学老师。初中学习阶段，我是在老家宁乡沩滨中学学习，这是一所著名的为躲避抗日战争战火，由长沙第一师范和几位中学知名老师在宁乡黄材办的初级中学，我是1950年入校学习。学校的姜国芬老师是我最尊敬的一位老师，她是一位女老师，毕业于日本东京帝国大学，原在长沙省立第一师范任教，她是宁乡本地人，回家乡执教，她担任学校教导主任，兼教两门课，一门生物课，一门英语课。她学识好，品行好，英年丧夫，但终身不嫁，一心扑在学生身上，对学生如同对自己儿女，对贫寒的学生，她总是资助。在本地很不发达的山区的一个学生姜胜章，每年的学费由她承担，凡是学生有困难，她总是像对待自己儿子一样，想方设法资助。当我读到《一代师表姜国芬》一书时，我才知道受她资助的学生达十几个。如此爱护学生，确在往日的老师中并不多见。

国芬老师虽然清瘦，却精神矍铄，外秀内娟，显示了一个女性的特质。她衣着洁净，大方简朴，自然而不矫作。她身边只有一个女儿，她像母亲般爱护同学，使学生感到亲和而温暖。国芬老师，在山东大学师从著名生物学家童第周教授，经童先生介绍在浙江大学研究细菌，后入日本东京帝国大学研习细菌学。学识好，但她为了教育家乡的子弟，屈教初中英语、生物。她授课非常认真，讲课条分缕析，有条有理，板书极为讲究，写出的黑板字，方方正正。为了提高学生学习英语的兴趣，常常在英语课中插上一些有趣的外国儿童的小故事，学生听课感到是一种享受。生物课讲植物往往联系到农村子弟常见到的山中生长的各种林木，说明其植物特性，讲到动物时，联系到农村家庭的牲畜和山林的奇珍怪兽,讲解其习性,学生对生物有一个真切感受。姜老师上课,学生们听得入神,课堂沉静,学生正襟危坐,两眼仰视着讲台上的姜老师。姜老师成为学生崇拜的偶像。

在我的记忆中,最使我难忘的是老师笃定了我一生的读书的理想。1951 年,沩滨中学同宁乡其他中学一样,掀起了一个参军参干的热潮,一腔热血的青年急欲奔赴朝鲜战场,参加抗美援朝的伟大战争。也有一批同学向往广大农村参加土地改革运动,参军参干打破了学校的沉静,教室寝室,处处都被参军参干的呼声所掩盖。我也一样,积极地参与了报名。但我是低年级学生(一般要初三、初二的学生)。学识低、年龄小,未得批准,看到一批批同学戴上红花走上部队,看到一批批同学走上干校,准备参加农村土改运动,感到很羡慕。我没有得到批准,我和同班的一些同学闹情绪,心很不安定。国芬老师到我们同学中间,与我们谈心,她特别关心我,找我谈心,询问我家庭的情况,她得知我曾祖父是读书人,上了《宁乡县志》,是全县闻名的孝子,她动了情,以为难得。后听到我家庭衰败,两代无读书人,又感到可惜,把我引进她的卧室兼工作室,面对面地对坐,两眼注视我,动情地说:“你年小,刚上初中一年级,学识不够,以后工作机会很多,而学习机会不会常有,你要珍惜每一次学习机会。你的家原本是读书人的家庭,已有两代人没有读书人了,你不应该辜负父母的期望。”说到这里,国芬老师叹了一口气,亲昵地说:“孩子,你应该留在学校好好学习。”老师的教导,句句打动了我的心,她的话像磁铁吸引着我,鼓舞着我对知识的追求,促成我少年立志,萌发我上大学的理想。老师这一教诲不只是使我顺利地度过了初中阶段,尤其重要的是,变成了我的意志,伴随着我的整个学习生涯,指导着我的学习生活,老师立志向学的教导牢记在我心。在沩滨毕业以后的升学问题上,尽管受亲人和同学的影响,曾面临着升学难于选择的困惑,但老师的教诲再次坚定了我继续学习的信心和决心，我没有听从父母安排做小学老师，也没有受同学影响，坚定地放弃入学不要学费且工作早的中等专业学校，进入了普通高中的学习阶段，开始了我以后进入大学具有决定意义的学习生活。

1952 年上半年，我从沩滨中学毕业后，国芬老师也回到了省立第一师范执教，并且以后当选为省人民代表。但意想不到受学生爱戴的国芬老师在“文革”时期，竟受到政治上的残酷打压，划为地主分子，遣送农村劳动改造。她年老，又是一个妇女，原籍家庭一无所有，落脚的地方也没有。当地的农民，熟知国芬老师的情况，她虽出身大地主家庭，其兄曾做国民党的县长，沩滨中学离她家很近，不到两华里，有时常回家。但姜老师几十年一直在外，抗日战争长沙失陷回乡办学，回乡后，全身心扑在办学上，从未料理家庭的事。当地的农民都知道国芬老师是一个进步的知识分子，她的亲姐是老革命，经历长征，姐夫王凌波是烈士，同谢觉哉、何叔衡、姜梦周同称宁乡革命四髯，受到宁乡人民的尊重。国芬老师家乡的干部对她的遭遇很同情，根本不听第一师范造反派的安排，把国芬老师送到长沙亲姐姐家居住。我去看望她，见到学生如见亲人，她不禁两泪长流，情不自禁。得知我是大学老师，她很高兴。我不能忘记恩师昔日的教导，老师今天有难，做学生的应该分忧。我得知她户口已迁农村，断绝了她的粮食供应，当时长沙没有开放粮食市场，即使有钱也买不得粮，姜老师只能从姐姐口中分得一点粮，其困难可以想见。我家在农村，有办法弄得粮食。因此，我把自己部分粮票接济老师，虽然我经济上也有困难，支援老师一点钱买粮食。“文革”结束后，老师被平反，恢复原职，我同许多同学一起去给她做寿，想不到她把我所做的这些小事一直铭记在心。听她的亲人说，老师将离开人世的弥留之际，还记得学生的名字，口中不断提到我的名字。在老师“文革”遭难的年月，我向她表示微不足道的孝心，这比起老师当年慷慨地资助贫寒学生，不值得一提。我只是尽我微小一点力，对老师表示感恩。老师呀！学生虽过八旬，往日的记忆已朦胧，但对老师给学生的恩泽仍像往日一样，对您的怀念既清晰而又深沉。

回忆初中恩师的情思尚未完全脱却，高中学习阶段的恩师又走进我的记忆。高中阶段是我学习的重要阶段，“十年寒窗望黄榜”，我能否经过国家考试升入最高学府大学深造，高中阶段学习的好坏是关键，我国是文化落后的国家，当时大学生很稀少，能否考上大学，被人看作是过去科举时代的登黄榜。我有幸考上了湖南有名的省立一中（后改为长沙市一中），进入到准备考大学的学习的准备阶段。在这三年的学习，影响我个性化发展的有两位老师。首先是我的语文老师刘诚，刘诚老师是长沙人，湖南大学中文系毕业。他是我们班三年的班主任，三年教我们的语文课。刘老师像一位学者，说话斯文，行为拘礼节。讲课非常认真，书本中一字一句，都认真解析，特别在讲汉语的语法尤其如此，有时感到一些枯燥，听起来乏味。但老师对作品进行分析时，情形大不一样，作品的主题、人物的塑造、语言的表述，老师分析丝丝入扣，学生听得很入神。老师规定学生每个星期都要写一篇作文，有时是老师命题，有时是自己出题。但限定在课堂上两小时交卷，养成学生作文不打初稿的习惯，一气呵成。这对培养学生的文思敏捷和触景作文很有帮助。作文交给老师后，老师一一仔细阅读，详细批改，指出优缺点。在课堂上也常常拿出好的作文作补助材料讲解。我记得 1953 年组织春游，刘老师规定每一个学生必须作一篇作文。我们来到了长沙郊区的一个农村，这时正是百花盛开，莺飞草长，田野满园春色，我文兴大发，写了一篇春游的文章。刘老师看后，做出特优的评语，并且在课堂上像对课文中的作品分析一样，做出了详细的点评。在刘老师的影响下，我笃定了文科的发展方向。在我毕业之后不久，他调到湖南师大中文系任教授。我在岳麓书院工作期间，经常有联系。他支持我的工作，经常有诗作给我，很难得的是以垂老之年，为书院标点麓山寺的碑文。书院有的青年老师如李君辉受到他古文方面亲自指导。刘老师一生都在关心往日的学生。

长沙市一中很重视学生个性化的发展,注重生动活泼的各种教育形式,不主张把学生封闭在课堂上读死书。学校有各种各样的课外阅读组织形式。在学校中有一些热心于指导课外活动的老师。彭靖老师就是其中之一。彭老师不是我们班上的语文老师,他对我们班的课外活动非常关心,他几乎把他的休息时间全用在指导我们班文学戏曲小组上。我是组长,经常与彭老师联系。彭老师是一个老报人,新中国成立前在报业界颇有名气,思想十分活跃。在他的指导下,我们文学戏曲小组的活动搞得有声有色,我们既走出去,访问文艺界老前辈,又请戏剧界的著名表演家来校讲舞台人物的塑造。开阔了学生的视野,学到了课本上学不到的东西。我是一个知识浅薄的中学生,竟然与当时的湖南文坛上的名人联系打交道,不只是增长了我的见识,也培养了我的活动能力。组织同学参与当年《红楼梦》的讨论,组织同学演出花鼓戏《打鸟》,融洽了同学之间的友谊,活跃了学生的生活,对培养我的组织能力也极有好处(参看《求学记》)。我虽未在彭老师门下直接受业,但彭老师对我个性化发展有极大的影响。彭老师后执教湘潭大学中文系,虽然联系不多,但他的信息时有所闻,虽然在 20 世纪 50 年代曾在政治上受到打压,但最后得以昭雪,恢复了一身清白。学生闻之,至感欣慰,我高中受到良好的教育,多蒙刘、彭二位老师的教导。

大学,是高等学府,著名学府尤其是学术殿堂,硕学鸿儒汇集,文章府地,英才摇篮,多少学子向往,多少青年学子为上大学,十年灯火辛勤,朝夕相思登“黄榜”。我于 1955 年,以一个农民儿子的身份有幸进入闻名的武汉大学。大学四年的学习,我接触最多的老师是唐长孺教授。唐老师是江苏人,操很重的江苏口音,瘦个身材,高度近视,冬多穿蓝色长袍,夏穿衬衣长裤,整整齐齐。唐老师是一个和蔼的老先生。大学二年级时,我当班长,后又当全年级的级长,在教学上与唐老师接触多,因工作关系也多次去唐老师家。唐老师是著名的学者,是魏晋隋唐史方面大专家。他没有一点大学者的架子,平易近人。与唐老师几年的接触中,给我留下难忘的印象。唐老师有大学者风度,他谨言慎行,虽不失风趣和幽默,但不媚作,无傲气,学富五车,从不张扬,说话虽有锋芒,但不虚张声势,俨然具有知识分子的清高气质。讲课时,每言必有所据,不作游谈无根之论,凡难点层层剖析,层层善诱,引人入胜,听唐老师的课真是一种享受。

唐老师是大学问家,我拜读了他的许多著作,凡是在阅览室杂志看到唐老师的文章,我都一一阅读,在阅读中我深为唐老师的睿智所震撼,认识了一个大学问家的学术功力。唐老师关心我的成长,特意赠其代表作《魏晋南北朝史论丛》以及《续编》给我阅读,这在学生中很难得到这种机会,表达了唐老师对我未来的一种期望,我从阅读中学习他的治学精神,一字之征,博及万卷,论文之严密如天衣无缝,无可挑剔。唐老师虽然没有教我写论文,但我从他著作中初步领会学术的艰难,领会到做学问的入门知识。我记得在岳麓书院执教曾有一次批评一个学生文章空泛议论,举出唐长孺老师做榜样,“武大唐长孺老师的论文,思想之严密达到天衣无缝的高度,在他文章中,添加一句不行,减少一句也难”。老师的治学精神,至今仍感佩。

学术是求真,揭示自然和社会奥秘,必须具有科学精神,甘于寂寞。1958 年,与社会上掀起一股浮夸风一样,学术界也流行着不实的学风,大批判的文章风行于一时。在一次去唐老师家,谈到当时学术批判风潮时,唐老师声色俱厉地对我说:“批判文章不是学术研究,这是随风,是应时而作。”他叮嘱我:“你们年轻人少看这种文章,这种文章毫无科学性,尽是政治口号。”当时我虽也看过一些批判文章,分不出好歹,有时还感到新鲜。听唐老师一席话,我恍然大悟,仔细琢磨,唐老师的话确有道理。觉得批判文章求真的科学精神少,而空洞的政治口号多。我记住了唐老师的教导,一生中不写奉命的批判文章。1983 年,马列主义教研室主任点名要我写批判中南大学一位老师人性论文章,说曾老师鼓吹的是抽象人性论,但我拒绝。如果与曾老师讨论人性论问题可以,但我对人性论没有研究,写不出与之讨论的科学论文。但要从政治上批判人性论,这又是"文革"中批判文章的一套,我觉得一个学者应该保持自己的良心,不应违心而作。唐老师当年不为批判风潮所动,对我影响很大。

唐老师是一个学者,最使我感动的是他生活上的吃苦精神。1958 年,唐老师已年逾半百,一直住在城市,是大学的知名教授,他挑着被褥行李,在大别山山区的罗田县十曲九湾崎岖山路行走几十里路,去到县内的一个边远地区搞党史调查(实际上是劳动锻炼),跟农民实行同住、同吃、同劳动的所谓"三同"。这对我们青年学生也是一个严峻考验,感到很吃力而难以忍受,而唐老师都咬着牙关硬抗,他拒绝学生的帮助,挑着行李高一脚低一脚地艰难行走在山路上,满脸是汗,模糊了度数极高的眼镜片,他没有半句怨言,表现了一个学者的顽强毅力,也表现了老一代知识分子吃苦耐劳的精神。当时我是调查组的组长,有三位老师,四位同学,我们师生在罗田县度过了三个月,在公社过春节,短短的三个月,师生之间结成了深厚的友谊,这在 1959 年的《长江日报》上有附有照片的报道,这虽已早成历史,但至今不忘。

1959 年 7 月,四年的大学学习已结束,在当时研究生教育没有恢复的情况下,似乎读书的生活已到尽头了,不敢再有读书奢想了。但天遂人愿,分配到湖南大学仅仅一个月,又得到攻读研究生的读书机会。在唐长孺教授的推荐下,负笈千里,至北京中国社科院拜师著名史学家侯外庐,名义上是进修生,实际上把我们作研究生培养。大学四年,虽然在史学专业上打下了一定的基础,但在史学研究上没有受过训练,未见外庐师以前,脑子里一片空白,茫然不知,“不知哪条路可通罗马”。外庐师三年多对我的教育,我体悟到作为史学之作者应具备的素质。外庐师认为史学工作者应是历史的主人,不是历史的奴隶,人是社会的主体,对历史应具有评判能力,不是死背硬记一些史料,走读死书、死读书而做古书蛀虫的老路。史学家司马光把他的著作取名《资治通鉴》,旨在突出历史对后世的“资治”作用。历史像一面镜子,对后世的治国理政起到借鉴的作用,历史研究,揭示历史发展规律,找到历史与现实的交汇处,由过去知当今,由当今预示未来,历史是我们的最好老师。老师的指点,使我这徘徊在学术大门外的学子找到一条通向罗马的正确道路。

外庐师教导我们应具有阅读古文能力的基本功,还谆谆教导。再三强调理论思维能力、素养的重要性,尤其是文化思想研究如此,哲学是时代的精华,是一切社会科学的理论基础,提高理论思维能力,关键是提高哲学的素养。要求并规定我们的精读马克思和恩格斯的经典的哲学著作,与之相配合,还要求我们阅读西方哲学家有关论著。外庐师的教导,学到了我大学未学到的知识,开启了我思维的空间,为以后我学术研究打开思想闸门提供了一把可贵的金钥匙。

举凡研究中国传统文化的人,深知中国古代史是文史哲一体的历史,大学问家都是文史哲的通家。外庐师被学界称为学术大师,乃在于他有文史哲渊博的知识。他的著作涉及文史哲诸方面,自成体系,开创了新中国人文社科领域内唯一的学派即侯外庐学派,并成学派的掌门人。外庐师的学术著作,融汇古今,文史哲一体史学著作,成为当今重要历史遗产。我从侯外庐师三年之多,等于我又进入了一个比大学本科更高的学习阶段,具有大学本科不具有的全新内容,侯外庐师是引导我走上学术研究之路的导师。

我一生学术研究基本上踏着侯外庐师学术轨迹前行的。为了加强哲学修养，回湖大工作我选定了哲学课课程，执教哲学多年，加深了哲学上的修养，为了在学术上走文史哲一体的道路，我的著作既有历史的著述，如中国古代文明起源特殊路径的探讨、书院史的研究，又有思想文化的著作，如中国德育思想研究、张栻与湖湘学派研究，还有哲学与伦理思想史的著述，如宋、元、明三部理学伦理思想，儒家伦理哲学。有学者著文称我的学术著作有侯外庐学派鲜明的风格。今天我取得点滴成绩，都与侯外庐师的教导分不开，不管“文革”荒诞岁月，外庐师受到无情冲击与打压，或是指责我为侯外庐的黑门徒，但我信念始终未变，我是外庐师的学生，我作为外庐师学生而感到骄傲。

外庐师虽已作古几十年，但他仍活在学生心里，每当念及老师，他似乎在眼前，老师还像当年一样，挺拔直腰，身着洁净的青色的中山装，穿着光亮的皮鞋，不徐不疾地向我走来，操着浓重的山西口音，似乎有很多话要向我说。然而这眼前一幕只是回忆中的幻觉，先生早已去到了另一个世界。他卧枕八宝山，长眠地下，他永远见不着学生了，做学生的我也永远听不到老师的亲聆教诲了。如今年过八旬的学生我，无以告慰老师，若先生地下有知，您的学术和为人影响了一代学人；许许多多的学人集合在您独具一格的学术旗帜下。我还要告诉先生的是，学生我奉教育部撰著《学为大师，德为人范——纪念学术大师侯外庐》已出版，您永远是我们学习的榜样，您永远是值得人们纪念的学术大师。

二、心中的学生

几十年的教育生涯，究竟听过我课的学生有多少，我无法统计，相当长的时期，我教的是哲学公共课，都是大班上课，犹之乎“机械化的生产,出品率极高”。我记住而不忘的学生主要是受业于我的研究生,其次是与我保持长期联系的湖大第一批文科班的学生。

老师爱学生,师傅爱徒弟,师生之间结成了一种超乎朋友之上的关系。孔子周游六国,宣传他的学说,门生随从,形影不离,苦乐共享。孔子的爱徒颜回早夭,他痛惜不已,常常念及。康有为的爱徒陈千秋早逝,他伤痛难控,在他笔下,屡屡提及。我的老师侯外庐先生,对在“文革”中离去的学生杨超,伤痛已极,每当提及,眼噙泪水。学生成才,老师引为自豪,设帐授徒,是老师的人生乐事。古人说“聚天下英才而教之,何乐不为”,这确道出了做一个老师的乐事。

也许是人到晚年,离人生的尽头不远,常常引起对往昔学生的回忆,其中与我保持五十余年师生关系的郭龙云同学就是我经常想念的同学。郭龙云是1963年湖南大学电机系的学生。他当时被电机系视为不守规矩的调皮学生,功课虽好,但有股侠气,喜欢在同学中耍刀弄棒,政治学习不积极,经常挨批,学生指导员拿他没办法。当年,按照马列主义教室安排,我下到电机系学生宿舍住宿,电机系的领导和学校唐麟副校长正好在这个年级蹲点,让我做蹲点主要工作者,负责做好郭龙云的工作。与郭龙云接触中,我了解他对哲学有兴趣,听课认真。我抓住了这点,取得了他的信任。郭龙云虽学习工科,但他对文科有兴趣,对作诗作对兴致很浓,对写作也有追求。我们经常在一起交换讨论,久而久之,他的思想起了很大变化,成了要求进步,遵守纪律,友爱同学的三好学生,加入了共青团组织。学校领导在全校对他进行了表扬。从此,我和他结成深厚的师生情谊。

我与郭龙云的师生情谊,在“文革”的荒诞岁月,经受了考验。“文化大革命”时,大学老师叫作“臭老九”,受到歧视,学生对老师大张挞伐是常事。我记得老师武汉大学唐长孺教授曾对我说:四川大学历史系造著名教授蒙文通老师的反,抄老师的家,更有甚者,学生以讨伐学阀和四旧之名（胡须成四旧）按住老师的头部，把蒙先生脸上的长长的胡须一根一根地强行拔除，满脸鲜血，惨不忍睹。唐先生当时在北京研究吐鲁番文化，离开了武汉大学，免遭其难，他感到庆幸。唐先生所讲确有事例，但只是极少数。郭龙云在“文革”中对我的关心和爱护就是一个明显的例子。他在“文革”中虽是造反派，但他对老师很尊重，经常与我来往。我与他虽不同行，他常常作诗与我切磋，在“文革”中，他用筷子作毛笔练习书法，常常要我点评。他无论到南京工作，或是回长沙工作，一直与我保持联系，称我是良师益友，既是老师，又是朋友，“相识满天下，知己能几人”，我不仅把他当作我的学生，也把他当作朋友。多年来，他对我生活很关心，我的老伴在病中，他多次探视慰问。他虽年过七十，仍称是我的老学生。我几次看到《光明日报》连篇报道郭龙云潜心智能电器研究开发，攻克了世界电器难题，被院士们称为“科技怪才”，感到自豪。我虽心已老，但心中却记着我的学生。

对老学生郭龙云如此，我对改革开放以后受业于我的学生也如此，他们的活泼身影，常常显现在眼前。1977 年恢复高考后，湖南大学招收第一批人文学科的本科学生，我也实现了专业的归位，实现了中国哲学的授课。随后 1990 年，湖南大学岳麓书院被授予硕士学位点，开始了研究生的培养和教育，后与中国社科院历史研究所合作，于 1993 年联合培养博士生并招收留学生。在这数年间，跟我学习的同学，既有本科生、硕士研究生，也有博士生和外国留学生，前后有好几批学生。虽然分布四方，但至今保持着密切联系的学生达数人，其中既有 20 世纪高考恢复后的人文学科毕业的学生，也有研究生毕业的同学，还有外国留学生。他们今日都已成才，做了教授，有的在学术上做出了突出的成绩，成为知名学者，有的负责岗位上工作，成为工作的中坚。有的已过六旬，最小的也近半百，令我感动的是，他们都记住了我这位平庸的老师，几十年来，特别是我退休以来，经常受到同学们的关心和支持，我与同学结成的师生情谊，引起我无限的怀念。

同学们都是“文革”结束后入学的学生，他们身上充满着新时代的朝气，他们当中不少人下过乡，经历过失学的痛苦，在“文革”前的荒诞的年月，他们不同程度地得了知识的饥饿症，因此，当有幸跨进大学门槛，对知识的追求如饥似渴。他们以新时代青年的历史担当精神，肩负起接续与传承中华历史文化的历史使命，他们对自己所学的文科专业非常热爱，钟情中华民族命脉的历史文化，刻苦学习精神令人感动。在我所授中国哲学的课程中，每堂课都秩序井然，五十分钟课内，众目注视着老师，宁静的课堂只听到刷刷的记笔记声，同学全身心扑在听课上。每次上课，没有同学迟到，没有缺席，包括中南大学随班听课的学生也如此。以为落下一堂课，就是一次损失，千方百计要补上。我曾记得有这样一个事例，学生章启辉因父亲车祸去世，回家料理丧事，回校第一件事要求我将讲稿给她，补上笔记并作温习。她珍惜老师每堂课，珍惜老师课后每一次的温习。事后，我看到她所做的笔记，整整齐齐，洁净清新。当时没有教材，也没有讲义，全靠笔记作教材用，学生学习的积极性，大大加重了我的责任感。备课必须精细，讲稿即是讲义，一点马虎不得，用湖大材料纸写下了十二本讲稿，半尺多厚(至今还保留着)。为了备课，几乎全力以赴。我记得讲授魏晋南北朝佛教高僧僧肇的《不真空论》和《物不迁论》两篇论文，我花了三天三晚的时间备课。佛学家的文章，素称难治，概念系统独特，哲理深，语义深奥。为了使学生听懂，我几乎一字一句翻成白话文，写在黑板上，像对小学生一样，从哲理到语义，逐一进行讲解。同学们虽感陌生，但都听得入神，至今我相信同学们仍会记住，笔记本上留下的他们当年苦心攻读的记录。

同学们对中国历史文化的倾心，对我是一个很大触动，当年“文革”时，我曾对自己从事的专业一度失望至极，文科无用论使我迷惘而痛苦，险些改行，但文科班的学生与我们一代不同，文科无用的阴影已完全扫除，他们热爱自己的专业，钟情于中国哲学，在撰写学士论文时候，有三分之一的学生选择的是中国传统哲学。哲学专业班，本来为高校培养哲学教师，竟有众多同学对中国传统文化有兴趣，这对我也是一个教育，中华优秀文化是中华民族的命脉，只有掌握中华文化，我们祖国在世界激荡文化中才能站稳脚跟，同学们热爱中华文化的精神，无形中为我注入了研究中国传统文化的不竭动力。"师不一定贤于弟子"，学生反转过来成了我的老师。

1990 年以后，岳麓书院开始招收研究生，开展了研究生教育。研究生教育，采取导师制，接近于手工业的师傅带徒弟的方式，一个导师每一届招收的学生一般不超过三个，老师与学生接触紧密，特别在学生作学位论文时，更是如此。章启辉由教授马克思主义哲学转入研习中国思想史，开始时信心不足，她知难而进，学位论文自选为《二程伦理思想研究》。"二程"即程颐、程颢，其理学思想研究者甚多，但对其伦理思想系统研究却少有，几乎无论著可参照。章启辉对"二程"的原著，认真阅读，刻苦钻研，对程颐、程颢的伦理思想提出了自己的见解，所表现出的独立思考而苦心攻读学习精神，给我的印象特别深，从论文框架设计、立论到伦理命题的把握，我们反复地切磋，我真正认识了章启辉，她有良好的理论素质，有较好的文字表达能力。她终于完成了具有新意的、有质量的学位论文，得到了答辩委员会老师一致好评。这是我第一届研究生的论文，而是时贤未作的伦理思想论文，我特意收录在我的《儒家伦理哲学》一书发表，以作纪念。至今，每当我打开此书时，就想到了当年与学生教与学互动的师生情谊。

多年研究生的培养经验告诉我，导师对学生的了解，学生对老师的认识，虽然课堂教学是不可缺少的途径，但指导学生作论文是最重要的途径，如师生之间情谊，也往往在此途径中形成。对此，在指导研究生唐亚阳的《书院德育思想研究》的有深切的感受。唐亚阳是我的关门弟子,对最后受业于我的弟子,一开始时对他很陌生,只知道课堂上,每次都坐在前排,靠近老师,聆听得十分认真,聚精会神地记笔记,十分有礼貌,对老师很亲近,有强烈的求知欲,表现出一个有为青年的气态。但他的学历却少知。后来经他自我介绍,原来他大学是学习工科机械专业,毕业后留校作学生指导员。工作的需要,随即在华中师大转学教育学,回校后又担任行政工作。依其学历,我担心他的中国传统文化专业基础不厚重,担负《书院德育思想研究》有一定的难度。且不说当前没有时贤论著的参照,而且这一个综合性的研究,涉及上千年,涉及千千万万不同类型的书院,这远比那种个案的研究难,既要有厚实的专业基础,又有驾驭史料的能力,从论文的框架设计到书院的课程设置,德育考核、书院与文化、书院与政治诸方面的联系,都需要一一寻觅与探索。这样一个选题压在一个硕士生身上,似乎有些过头了,我担心唐亚阳能否胜任。正在我犹豫之际,忽然想起了武汉大学历史系姚薇元教授对我讲的一个故事,姚先生 1956 年出版了他二十年前的研究生论文《北朝胡姓考》,这是一个很难做的研究。众所周知,魏晋南北朝,在中国历史上是一个很复杂的社会,历史上有所谓“五胡乱华”之称,国家分裂为五胡十六国,长期陷入战争。要理清南北朝历史发展很不容易,特别是了解少数民族历史更难,“北朝胡姓考”,这是很难作的题目。我好奇地询问姚老师,作为一个硕士研究生作这样一个题目太难了吧? 姚老说,指导他的老师是史学泰斗陈寅恪;对他作这样一个题目,也有些不放心,担心会把他压垮,完不成任务。但他并未被困难所吓倒,相反的他还将了老师的军,说道“您是史学泰斗,一生攀登史学高峰,穷年不竭,从不畏惧,虽耗心血,但学界都公认您达到史学的高峰”。说着,姚老师站起来对我激动地说:“陈寅恪老师终于同意我的选题。并且鼓励我大胆去做,老师一定悉心指导。我的《北朝胡姓考》就这样完成了，今天终于出版问世。"姚老师不胜感叹地说："研究工作就是要找难题做，容易的题目，还需要你去研究什么，这是很明白的事。"姚老师所讲的故事对我确有启发，一个学生在学术起步只想找容易的题目作，这样的学生永远在学术研究上站不起来。唐亚阳虽初涉学海，不顾学海深浅，敢于闯深水区，说明他希望作一个学术研究上站立起来的有为青年。我不但打消原来的顾虑，而且也真正认识了他刻苦自励的学习精神。在作论文期间，他可谓竭尽心思，白天要坚持分内的行政工作，夜晚成了他独自占有的时空领地。他爱人说，他挑灯夜战，不到二更，伏案不起。遇到难题，总是不懈地问老师，是走我家最多的同学。他的论文稿，至今我记不清修改了多少遍，我只记得，他不灰心，一次又一次修改，甚至有几次几乎是重写。一次又一次有所获，一次又一次有所发现，三年灯火辛勤，终于完稿。论文送审时得到有的学者很高的评价。如当时中国社科院哲学研究所研究员、中国伦理学会会长陈瑛打电话给我，称这篇论文颇有新意，要求将论文寄去他做参考（原评审论文寄给学校了）。在学位论文答辩会上，也获得了学者的好评，被评为优秀论文。当年武汉大学姚薇元老师同我说的故事，再一次在唐亚阳身上得到印证，我也得到一个认识，要相信学生的潜力，做老师的责任是如何调动学生的积极性，使学生的潜能得到最大限度的发挥。

唐亚阳取得硕士学位后，他不甘寂寞，期求进一步深造，攻读博士学位，拜师湖南师大唐凯麟教授，他的学位论文仍然是《中国书院德育思想研究》，因为我是唐教授单位的兼职教授，唐亚阳所做的学位论文又是在原硕士论文基础上展开深入，我和唐亚阳居住很近，便于联系，因此，唐凯麟嘱咐唐亚阳多与我联系，要求我帮助作指导，唐亚阳与我仍如以前一样，往来极为密切，原来硕士论文，虽有一个好的基础，但作一个博士学位论文分量仍不够，需要扩大，大批的书院史料仍有待发掘，经过三年的反复研究，无论论文框架的布局上，或是内容的拓展方面，都做出了全新的研究，是中国古代书院德育研究的专著，也是一部书院研究上有特色的著作，被教育部选入《思想政治教育研究文库》，交由人民出版社出版，编委会曾对入选的作品在序言作评价说："入选思想政治教育研究文库……都是广大思想政治教育工作者长期研究和探索过程中心血和智慧的结晶。"据我六年来的了解，唐亚阳《中国古代书院德育研究》得此评价并不为过。学生的成绩，老师的脸上有光，老师引以为自豪和安慰。

自古以来，老师总是希望自己门墙中有闻人，学生成才，历来是老师最大幸事。这样的事例，在中国历史上屡见不鲜。老师盼望青出于蓝而胜于蓝。明代思想家陈献章把"江门衣钵"传给弟子湛若水。弟子湛若水既秉承师学，又发展了师学，把师学进一步推向心学的转变，成为以后王学崛起的重要先驱者。湛若水学有心得，老师陈献章十分欣喜，他仿效佛教高僧以衣钵传授弟子的方法，在当年广东江门风月钓台对湛若水授课的地方，将"江门衣钵"传之湛若水，这就是所谓"江门衣钵属之子"。"达摩西来，传衣为信，江门钓台亦病夫之衣钵也。或以付民泽，将来有无穷之托，珍重，珍重"。陈献章之所以像佛教一样对门生传之衣钵，一方面表示湛若水是门墙高足，老师最得意的弟子，故似佛教一样以衣钵传之，另一方面，也是对弟子的嘱托，希望弟子在学术和事业上不歇步地向学术高峰攀登。这虽是历史上的一个故事，像传衣钵之事，儒者并不认同。但学生的成就，老师引以为荣，这确是古今皆然。对唐亚阳如此，对朱汉民、章启辉、肖永明、吴凡明、黄震、邓文初、季乃礼、彭福扬、杨健康、刘承相等同学都如此。每当听他们的著述出版和发表，自己就有一种成就感，"岂能雌伏，定要雄飞"，希望学生在学术天空中飞扬。孔子门生贤人七十二，弟子三千，千百年传为佳话，我同许多老师一样，希望弟子中多出贤人。

期求门生出俊才,对自己帐下的留学生也如此。韩国留学生刘承相,从攻读硕士到博士,在我身边达七年,是学习时间最长的一个学生。他是韩国城均馆大学毕业生,他热爱中国文化,20 世纪 80 年代末,他来到中国,在北京学习了两年汉语,于 20 世纪 90 年代初来岳麓书院攻读硕士学位,毕业后,继续攻读博士学位,由我和中国社科院历史研究所李学勤作导师,主要在湖南攻读。刘承相作为一个外国留学生,研习中国思想史学位,语言文字上的困难可以想见。但他勤奋好学,以极大的毅力,克服学习上的重重困难,不断地自我加压,在他眼里,时光好像海绵挤水,一挤就有,白天足不出户,夜晚伏案灯光下,深夜十二点不息,健壮的身体被累坏,仍咬紧牙关坚持着。他的硕士论文《太极图说》是他自选的题目。这是一个有难度的选题。考据爬梳与义理阐发得兼的课题,这既要有较好的古代汉语的基础,又要有坚实的中国哲学的专业知识。虽然如此,明知困难不少,他决意要作《太极图说》。经过一年多潜心苦研,利用一切机会同老师切磋,出色地完成了学位论文,他在学术上所表现的功力,在答辩中令中国学者感叹,认为是一篇高质量的论文,以后在韩国出版,产生了很大的影响。之后,研习博士学位期间,潜心于朱子思想研究,研究朱子思想的著述很多,大都是拘囿于《朱子语类》以及《文集》记载材料的研究,很少有涉及朱子青少年思想形成过程动态的研究,刘承相独辟蹊径,把朱子思想置于动态研究过程,着力考察和探讨从朱子青少年开始时思想形成过程。发掘了大批《朱子语类》和《文集》少有的材料,是一部探索朱子思想的师承和渊源关系很见功力的著作,获得论文答辩委员会的一致好评,学者们都提出尽快出版问世,满足读者需要。刘承相在学术中超常的毅力,令我十分感动,他用功过度,一度身体很不好,我和学勤老师都很担心他的身体,建议休整一个时期,但他仍然坚持不懈,完成了学位论文。完成一部《朱子早年思想的历程》的著作,上海华东师范大学出版社正式出版了中文版,引起中国学者的注意。

回首以往,我真切感受到做老师的快乐,眼见学生一批一批走上社会,个个成为俊才,有说不出的高兴。晚年又得到学生们在生活上的关心和照顾,感到极大的安慰。2001 年,我开始过退休生活,“夕阳虽好,已近黄昏”,学生们担心我不适应,一旦离开工作岗位,离开亲近的学生,犹恐有失落感。章启辉同学主动地热心邀请我参加她所组织的各种学生的活动,她多次说,多与学生接触,跟青年人一块活动,对身体,或保持思想上的活跃与朝气,都有好处。应她之邀,我几乎有活动必往,读书会、学生野外活动,我都是常客。与学生谈学习,谈生活,谈时事,谈故事,无所不谈,我仿佛又回到当年与学生一起学习和生活的时代,似乎自己年轻了许多,忘却了自己是暮年的老人。章启辉不住在学校,她的学生有时请老师答疑不便,经常上门找我,都说我是老师的老师,师门相系,不管年龄差别,在岗不在岗,都是老师。不但章启辉的学生如此,其他的如朱汉民、唐亚阳、彭福扬、肖永明的学生,常出进我家门,也称我是老师的老师,我虽退休,但仍与学生保持着联系,我从青年中吸取了朝气,学生们激越的青春活力注入了我垂老的心灵,我不知老之将至,仍笔耕而不倦。

人的一生到晚年,体衰力竭,总难免病痛,学生的悉心照顾,极大地减少了我的痛苦。1993 年,我住院动手术虽很成功,但想不到却药物中毒,受到了难言的折磨,后转回家里疗养,但头痛目眩,站立也很困难,在我病痛的时刻,章启辉同学为我家人分忧。她在百忙中,每天下午我午睡醒后,四点钟到家扶着我出外走步,用甜蜜的话语抚慰着我的病痛的心。坚持了一段时间,起到了药物治疗之外的医治效果,为我恢复健康尽心尽力了。似此对我病痛的关心,唐亚阳同学也如此,2013 年,经医生检查,我患了皮肤肿瘤,急需住院手术,唐亚阳得知后,比我家人更着急,心急火燎地为我联系住院,亲自送我去医院,住院后又来医院探视慰问，出院时又亲自接我，对我无微不至的关怀，似比亲人还要亲。肖永明也如此，他对我身体悉心的照料，其尽心尽力，较之我亲人还要周到。

每当我最困难的时刻，学生的关心和帮助有加。2006年，我面临着人生中的极大考验，与我相濡以沫四十余年的老伴，身患绝症艰难撒手，永远离我而去，我悲痛至极。在此时刻，学生唐亚阳、肖永明、章启辉、杨健康、刘平等，给我极大关心。朱汉民的学生吴国荣同学还特地安排我到厦门静养，学生的帮助使我渡过了难关。

2008年，是我们祖国困难的时期，发生了四川汶川地震，损失巨大，南方还发生了少有的大冰冻，给人民的生产与生活带来了很大的困难。这一年也是我家庭最不幸的一年。我的儿子陈光亚四十余岁年华，身染重病，经多方医治无效，英年去世，老年丧子，白发人送黑发人，这是人生最悲痛的事。我之经受不倒，除了女儿及家人的支持与安慰以外，学生给我精神上的巨大支持也是重要因素。

往事绵绵，我还想起了自称是我的私淑弟子的两位老师。一位是湖大外国语学院王湘玲老师，另一位是马克思主义学院的刘莉萍老师。王湘玲与我认识多年，她业务很好，被称之为美女教授。她思想活跃，兴趣广泛，喜爱中国文化，我们经常在一起讨论学术问题，尤其是佛学与人生、儒学的现代价值问题，常常是切磋的主题。她注重现代佛学的研究，她谈得多，儒学则每次我多言及，相互交流，颇有受益。另外，我们还讨论了中国文化典籍如何翻译成英语以及向西方介绍软实力的问题，久而久之，似乎我们开辟了室外第二课堂，她把我作老师，我把她作学术上的知己。我年迈，她年轻，她对我丧妻失子很同情，在我最悲痛的时刻，像亲人一样，帮我度过了难熬的岁月。

刘莉萍老师，我认识较晚，她是伦理学博士，因为当年攻读伦理学硕士，我做过她学位答辩委员会的老师，她读过我的一些著作，由此与我有往来。我得知她博士论文为《王阳明道德哲学研究》,在武汉大学哲学博士后流动站又完成了对儒学人文信仰的研究。我在著《述明代理学伦理思想》时,把王阳明一章交由她承担。在几年的交往中,我感到她很好学,她经常主动与我切磋学术问题,涉及的问题极为广泛。她很重视我的学术风格,认为我的著作注重历史与逻辑的统一,历史与哲学相融,具有侯外庐学派的风格。她说:"很喜欢读我的书,喜欢同我讨论学术问题。"由此,她称是我的私淑弟子,她对我最近晚年的著作,常常同我谈了她的心得,据她说"有些篇章反复阅读,每谈一次都有收益",这也许是对我鼓励,但我终究直接听到了读者的反馈的信息。几十年的学术耕耘,到晚年总有些积累和感悟。她总是一边鼓励我多锻炼,一边鼓励我多写些东西,把几十年的积累齐倒出来,惠及社会,惠及后学,受她的鼓励,至今我照她要求这样做了,效果如何,我不敢说,但尽我努力,不辜负她的期望。

回想人生,我从学生中所得甚多,我给学生的却少,二者相比,我深感愧对学生,但我人生中已感悟到做老师的在任何时候都要放下身段,尊重学生,要诲人不倦。闻道有先后,术业有专攻,老师虽对学生有引领作用,但老师不一定贤于弟子。老师要受到学生的尊重,老师必须为人师表。在此,我想起了司马迁《史记·邓将军传》中说道:"桃李不言,下自成蹊",其意是说,一个人做了好事,不用张扬和夸耀,别人就会记住他,孔子之所以称为万世师表,历代读书人都奉孔子为老师,就在于他居功不傲,虽创立了造福中国人的子子孙孙的儒家学说,但孔子终身把自己作普通老师,有时甚至连饭食不保。做老师的必须做学生的表率,我经历了人生的曲折,到暮年我真切感受到这一点,感受到做老师的重任。

第四章　婚姻记

爱情与婚姻联体不可分，婚姻以爱情为基础，没有爱情的婚姻是不合理的，也是不道德的。伟大的思想家恩格斯说："只有以爱情为基础的婚姻才是合符道德的。"婚姻是在爱情的基础上男女媾和家庭的一种固定社会关系形式。"婚姻不是爱情的坟墓"，婚姻恰恰是爱情的延续和凝固化。不管哪个社会，真正的婚姻总是与爱情联体的。本文我以"婚姻记"为标题，而不是常见的爱情与婚姻并置，这并不意味婚姻中对爱情的排除。的确，我的婚姻，是旧式的婚姻，没有经过恋爱阶段男与女媾和的婚姻，但同几千年的先辈一样，走的是先结婚后恋爱的特殊方式，方式虽特殊，但爱情仍然是维系婚姻的基础。

一、早到的婚姻

我的家在湖南宁乡的农村，似乎当时同全国许多地方一样，男女之间有一种早婚的习俗。当男女在生理上刚达到成熟期，父母就要为男女谈婚论嫁。女子一般以"二八芳龄"即十六岁为论嫁年龄（童养媳除外），男子同样也以十六岁谈婚。在以自然经济为主体的社会，一家一户是社会的基本生产单位,人员往来稀少,人员之间缺乏社会联系,男女之间更是没有接触的机会和条件(少数民族地区除外)。以农耕为主的汉族社会,男主外,女主内,女子主要从事家务劳动,更是与外面男人隔绝。在缺少男与女往来的社会,从根本上不具备男女恋爱的基本条件。几千年先辈们之所以不经恋爱阶段而结婚,这是当时社会条件决定的。既然是社会条件决定的,就不能斥之为不合理。这就决定了几千年我们父祖辈的只能走先结婚后恋爱这种特殊的方式,或者说,都是从这种特殊的恋爱与结婚的形式走过来的。

我的婚姻也是走着父祖辈旧式婚姻道路。虽然已进入20世纪,但我的家乡仍然处在封闭的自然经济统治下,人们之间少有来往,男女之间接触的机会更少。旧式婚姻仍很普遍。1951年,我过十七岁,夫人年岁比我大几个月,是年十月我进入婚姻。促成我早婚直接的动因是,家庭增加一个人,就能多分一份田。1951年,家乡已展开轰轰烈烈的土地改革运动,把地主土地没收之后,按人口平均分配给无地、少地的农民。我们家虽佃田的数量达到四十余亩,但土地所有权是地主,属没收之列,除了按人口平均数分配给我们家土地以外,多余的部分要交给农会分配其他无地的农民。父母为了多分一份土地,而且我也已成年,所以赶在分田前把婚事办了。如果失去这个分田机会,家庭以后增添人口就得不到土地了。这就促成了我的早婚。

人们常说,旧式婚姻是包办婚姻,“父母之命,媒妁之言”,这有一定道理。所谓“包办”即是婚姻主体都无自由权。我的婚姻完全由父母操办,这时我正读初中二年级,父母如何策划我的婚姻之事,我完全不知,只是到结婚前两个月,母亲才告诉我经由本村媒人介绍,将相邻的桃江县金沙洲的一个农家叫高志的女子许配给我。婚前,父母与她见过面,但我没有相面,彼此不认识,更不用说了解了。

虽是包办婚姻,但男女双方的父母还是要进行一番缜密的调查,特别女方的家长更是关注女儿未来的命运。要对男方的经济状况调查,要求门当户对,家庭稍殷实的女子,父母决不会把儿女嫁给穷人。男的表现也在调查之列,如果是懒汉或是不务正业,一般女子不会相许的。另外,男方家庭人员状况,特别是男方父母的为人表现也在了解之中。男方对女方也有相类似的要求,对女儿乃至其父母的操行要调查,女方的身材相貌都在了解之列。不管是男方或女方,都重视男女双方的婚姻八字,彼此都写上自己的生辰年月交给对方,请算命先生测算男女双方是否姻缘相合,如果不合,不能媾和为婚姻,用现在的话说,这叫没有缘分。实际最后决定男女婚姻的不是父母,也不是媒人。母亲在我婚前两个月透露说:"经算命先生测算,你与高志女子的结合是有缘分的,命运安排你们是一对恩爱的好夫妻。"男与女能否成婚,真正决定权在算命先生手中。算命先生既决定了男女的婚姻,也为夫妻预约了一个廉价的美好未来。旧社会,男女在所谓算命先生指示的命运下走到一起了,憧憬着命运安排下的美好未来。相信命运的安排,这是旧式婚姻的本质,也是与新式婚姻的最大的区别。

正当我读初中二年级下期的 10 月 22 日,母亲通知这是一个最吉祥的日子,决定这天为我办婚事,命我先一天回家。那时候,我什么也不懂,一切听从父母安排。但考虑我还是中学生,不敢声张,对老师和同学保密,没有请假而擅自旷课回家。家里完全按旧式婚姻一套办婚事,女方坐四人抬的大红轿,头戴盖顶,男方穿长袍,在正堂屋举行拜堂仪式,拜祖宗,拜父母,拜叔、伯、舅诸长辈。夫妻同拜,入洞房,开酒席,颇是喜庆热闹。我见到女方很腼腆,虽素不相识,却正式结合为夫妻,这是命运的安排,人们常把这说成是"天作之合,日月同明"。

高家为了女儿出嫁做了认真的准备,据说为了做嫁妆,木工在她家做了近两月的工夫,做了古式的牙床,做了大衣柜、小木箱、提桶、脚盆等一类用具,还新制被褥、蚊帐,为未来的丈夫做了大量的布鞋,除农具和餐具之外,一个二人的家庭用具几乎齐全。结婚宴席散后,我在家待了两天,第三天回到了学校。我第一次见到妻子的印象,她很腼腆,虽不是读书人,但清秀文雅,细语轻声,说话很甜,感觉很好。在此之前,我是未成年的童男,对异性几乎没有感觉,但见到我身边的这位女性之后,第一次产生了对异性性爱的追求,一对完全陌生的男女走到一起了,牵手不离到白头。这也许是千里姻缘一线牵的缘分,也许是一见倾情。但不管怎样,婚姻为我们这对情侣搭建了相恋的平台。尽管男女相恋迟到了一步,但婚姻这个平台为我们夫妻相恋补上了这一课。早到的婚姻,仍然是符合道德的婚姻,我们夫妻相守一辈子,爱情为婚姻奠定了稳固的基础,只不过我们所走的是父祖辈们的先结婚后恋爱的这条延续了千百年的特殊道路。

我们夫妻相守一辈子,如胶似漆的爱情始终贯穿我一生。虽然夫妻不能天天在一起,但我们的心同在一起,心心相印,夫妻双方时刻都伴有对方的身影,我在三十里外的学校学习,一到星期日,我走三十里地如脚踏祥云轻松不疲,急盼见到最亲的人。妻子虽在家劳动,总不忘仰天相望,盼望劳燕来归。我们夫妻每星期一聚,加深了我们夫妻之间的了解,体验到双方的性格与爱好。

在结婚后的一年多的岁月,父母为我们提供了一个温馨的情境。没有任何牵挂,家庭的事有父母操办,不愁吃,不愁穿,如同恋爱的男女一样,自由自在,父母很开明,每当我回家,不安排妻子家务。我们夫妻在一起,无所不谈,互吐真情。夫妻恩爱除了男女性爱生理基础以外,人生理想、夫妻义务也参与到这特殊情感的领域,夫妻恩爱又有其社会基础。今回忆及此,这婚后的一年的时光,是我们夫妻生活最难忘的日子,留下了许多甜蜜的回忆,是我们这一对陌生男女热恋的时期,也是我们这对夫妻恩爱生活的开端。

随着我初中毕业,在求学梦的支持下,我也同父祖辈读书人一样,负笈千里,告别贤妻,走上了求学之路。民间流传的"有女不嫁读书郎,十夜九夜守空房",我妻子承受着离别的伤感,我也一样,心中挂念着贤妻,我想这样的日子不会长久,大学毕业后,即可实现夫妻团聚,又谁将料到20世纪50年代中期出现的城市与农村之间不可跨越的鸿沟,把我们夫妻相隔达二十九年之久。漫长的日子,夫妻各在一方,过着牛郎织女的日子,妻子既当母亲,又当父亲,儿女的抚养,全压在她身上(我工作以后有经济上的支持),我在外单身一人,人家都说,"家是沙漠里的绿洲,生活中的港湾,夫妻间的心理诊所。"在我们夫妻漫长的分居的日子,只能是一种梦境,夫妻各飘荡一方,没有家。虽有鸳鸯枕,不见鸳鸯聚,枕上留下的不是甜蜜,而是怀念的泪痕,正是所谓"鸳鸯枕上泪双垂"。

二、分居的日子

夫妻本是男女半身合成一体,夫妻是不能离散的,建立家庭,夫妻各对一方尽义务,养儿育女,这是婚姻的本质。否则,不能称之为婚姻,至少不能称之为合格的婚姻。

我同妻子虽共同生活了54年,但聚少离多,夫妻被迫分居的日子竟达29年。严格地说,我们的婚姻留有人生的遗憾。

本来,我初中毕业后,夫妻可以相守团聚。1952年新中国成立初期,随着农村土地改革的展开,带来了农村教育的大发展,农村急缺小学教师,家乡农会要求我教小学,我母亲早已盼望这一天,她希望我当一名教育人家子弟的好老师。岳父母也希望我执教鞭,以免女儿守空房。刚结婚的妻子也希望夫妻相守。但我在求学梦的强烈驱使下,决心暂时抛弃与妻子相守的甜蜜生活,实现我人生的求学梦。我安慰妻子说,凡是读书人都有一个求学梦,期望学有所成。古代读书人,苦对寒窗,十年灯火辛勤,一心望黄榜。现在时代不同了,不再望金榜题名,而是希望学有所长,成为某一方面的专家。我的求学梦为入大学,直至大学毕业。妻子虽不是读书人,她理解丈夫的心,依偎着我流出了幸福的眼泪,待我大学毕业还有七年,这虽然时间不短,但相比夫妻以后生活漫长的日子,这只是一瞬间。她终于同意我的求学的期望,为了理想,我们夫妻放弃了本来可以团聚相守的机会,走上了夫妻分居独守的日子。虽然给我们夫妻带来了离愁,但彼此都相信这只是暂时的,憧憬着美好的未来。

1952 年秋,在妻子的支持下,我继续踏上了升学的道路,挑着爱人陪嫁的被褥和木箱,步行两天进入到长沙市第一中学高中部学习。高中阶段学习十分重要,它是进入大学的准备阶段,这直接关系到是否能进高等学府的殿堂。为了抓紧一切时间学习,在高中学习期间我只回家一次,第一个寒假与妻子团聚,在高中两年半的时间坚持在校学习,直到参加大学考试后才回家,整整五个学期与妻子睽违两地,妻子见到久别的丈夫,十分高兴,问寒问暖,当听到我高中阶段顺利毕业而参加了升大学考试,她觉得两年多的夫妻分居和难熬的孤寂值得,她跟我一样,等待高考通知的好消息。这个暑假很长,将近一个半月,与妻子生活在一起,我产生了对妻子的愧疚,妻子在家生活很辛苦,不但要干家务,农活也要干,母亲经常对妻子说,丈夫在外读书,不能在家干活,要妻子多担当一些活干,将来的好处都归她所得。妻子为了兄嫂不作多想,什么活都干,不辞辛劳,两年多不见,她白皙的皮肤晒黑了,细嫩的手长上了厚厚的一层茧。一个多月暑假生活,我进一步认识与了解我的妻子,她心地善良,对丈夫忠贞不贰,对我尽了她所力及的责任与义务,为我付出了她的一切,而我却未对妻子尽半点义务,拖累了她,使我产生了对她的愧疚,受到莫名的内责。

常言道："自古多情伤离别。"一个多月夫妻甜蜜的生活，又将面临离愁和伤别。八月下旬的一天，我从乡政府收到了高考录取的通知书，我以第一志愿被武汉大学历史系录取，大学之门终于向我敞开，升学之梦最终将实现，人生三喜，除了他乡遇故知之外，洞房花烛夜、金榜题名时都实现了。高考虽比不上古时的朝廷的会试，但总算是当时国家的最高考试，以定未来工作意向的考试。我拿到通知后，有说不出的高兴，全家都为我高兴，岳父也前来祝贺。当地周围数十里少有大学生，我入大学学习，惊动上下四邻。妻子分享了我的喜悦，她虽没有接触过大学，但她想象中的大学一定是读书人求学问最理想的地方，丈夫上大学，她同样感到高兴，我们夫妻都沉浸在幸福之中。大学是我求学的最后阶段，我们夫妻谈理想、谈未来、谈离愁，各抒心怀，惜别依依，难舍难分。我担心自己长期不在家，妻子无亲人相伴，一定备受孤单，没有亲生父母的呵护，一定备受辛劳，无经济上的固定收入，生活一定艰辛。我想到妻子往后日子难熬，只好劝说妻子与我分别的日子回到娘家居住，娘家有亲生父母和兄弟姐妹相伴，有人体贴、有温暖，困难时有人做主，比单身一人住在我家要好。妻子对我的劝慰倍感亲切，好像我说出了她想说而不敢说的心里话，她动情地哭了，想不到我会做出如此体贴的安排，她千言万语希望这些都是临时性的安排，相信四年后即我大学毕业后一定有一个属于我们永不分离的新家。我与岳父商量，岳父一一应允了，满腔热情地把嫁出的女儿又重新接回了家，在岳父母的支持下，妻子进入缝纫社，学到了缝衣做服的好手艺，1958 年，随着全国工农知识化运动展开，妻子走进了高级小学的课堂，开始了文化的学习，妻子生活充实而不再孤单。

但人生的过程总会遇到许多不可预知的事发生，遇到许多未来不可知的考验。1956 年冬天，国家公布了一条将要破灭我夫妻团聚美梦的坏消息。1956 年 12 月 30 日，国务院发出《关于防止农村人口盲目外流的指示》。1957年1月12日，又进一步规定农民不准迁入城市。当年11月的《劳动就业问题》要求各单位尽量把家属留在农村，动员家属回乡生产。1957年3月2日，国务院又发出《补充指示》，要求各地政府对所有准备外出的农民“应反复地、耐心地加以劝阻”，从粮油供应措施着手，关住城市的大门，构建一个城乡的隔离带，这就是今天所说城乡二元的户籍制度。我接连不断地读到关住城市大门杜绝农民入城生活的消息，如同挨了一记闷棍，顿时发呆，浑身不安。妻子是农民，农村人口，注定她一辈子进不了城，我是大学生，城市户口，在我们夫妻之间设置一条不可跨越的鸿沟，这二者之中，唯一可能是我回农村，这是一条不现实的道路，不但违反了国家培养大学生的初衷，而妻子也不会容许我做出这种无谓的牺牲。这怎么办呢？这是国家的大局呀！我们夫妻四年后团聚相守一辈子的理想和美梦将成泡影。我徘徊，我苦闷，想到妻子急待有属于我们永久相守的新家，我很难过，我将耽误她一辈子，受一辈子的孤单。“世上只有家最好，男女老少离不了，男人没家死得早，女人没家容颜老”，这些流传的歌谣，深深地刺痛了我的心。农村的人不准迁入城市，这是国家的规定，没有任何例外，这注定着我们夫妻将是牛郎与织女一样，分离一辈子。这引起了我思想上的激烈斗争，苦恼失常，常常发呆，同室的同学以为我发病了，劝我去医院。有的同学见我长吁短叹，以为我父母生病。同学们都猜不着我沉重的心事，猜不着我们夫妻曾设下的团聚的心愿将破灭。

经过几天痛苦的思想斗争，我决定把我了解的农村人口不准迁移城市的规定告诉妻子，早作永久分居的思想准备，担心妻子看不懂信中的内容，思来想去，寄信给她所在学校的班主任老师，托他对妻子说明。信发出许久，没有任何回音，我很着急，按捺不住，我向她的姐夫去信询问（她姐夫是本地乡政府的干部）。不久接到回信，来信大骂了我一通,斥我是当今陈世美,变了心不认妻,妻子悲伤至极,以泪洗面,乡里都说我没有良心,妻子一心一意支持我读书,受尽辛酸苦辣,我竟无情把她一脚踢开。我接到信后,如雷轰顶,脑子几乎炸开,我觉得自己受到了天大的委屈,事情怎么是这样呢?我只是把农村人口不准迁移城市、我们夫妻设想的团聚的美梦将要面临破裂的考验告诉妻子,这本来是正常的对话,告诉我们夫妻双方应做好永久分居的准备,仅此而已,怎么会扯到我不认妻呢?我本来想通过班主任做思想工作,班主任对她说了些什么呢?把我的心意曲解为离婚,曲解为我不认糟糠之妻,这是对我的冤枉。但夫妻两地暌违,无法当面进行思想沟通,我担心妻子受不起如此突来的打击,妻子是一个多情的女性,单纯脆弱,万一出事,我怎么担当得起!我知道我家乡有一种不好的习惯,“好事不出门,恶事传千里”,既然认定我是陈世美,这肯定人人会当笑料相传,造成妻子巨大压力,加重她的伤痛。在此时间,我只好去信给她姐夫,申明信中所说全是谣言,我蒙受了极大的冤枉,心中十分难过。要他找到我给班主任的原信认真阅读,无辜地在我头上加上莫须有的不认发妻的罪名,我十分不解,要求洗刷。我也简单地附信妻子,要求她不要听闲言碎语,并表示她是我牵手一辈子的永久的妻子,盼望暑假早日到来,回家与妻子团聚,倾诉我们夫妻分别两年的离愁。事后听说,我这封信起到了作用,她的姐夫是乡政府一名国家干部,关于农民不准入城的国家规定,他们也听到了上级的传达。我说的是实话,且我原信中并未提到离婚之事,这是当初看信人的胡猜乱想,乡下一时热炒的当今陈世美的风波很快平定了。我是读书人,是一个大学生,妻子是农民,我最害怕的是人家猜忌我是负心人,是看不起糟糠之妻的读书人。我发出信对事情原委做出了澄清与解释,我相信妻子以及亲人都会相信,我心里也轻松了许多。我下定决心,暑假我一定回家夫妻团聚,这恰值“大鸣大放”处于结尾而开始反右派斗争的前夕,我也应该走出学校环境，到外边尤其到农村呼吸新鲜空气。

1957年7月中旬，我在大学学习期间仅有的一次回家。这次回家好像不比1955年暑假的那一次，虽然我的父母见到久别的儿子十分高兴，问长问短，无话不谈，但我的爱人似乎在之前发生的信件风波留下的阴影尚未完全消除，对我的回归，既感到高兴，又表现出热情有度，不像以前团聚那样尽情与心醉。她的姐姐对我表现出从未有的冷淡。我心想这次回家很必要，是消除误会的最佳时期。我母亲对我讲述了那封信引起风波的情形，家乡人都议论说，我是一个很懂事的孩子，一贯规规矩矩，怎么会发生嫌弃妻子的事呢？有人说我变了，甚至说我“抱琵琶另别弹了”，另有新人，这是喜新厌旧，母亲加重语气说，“这可不好呀！”母亲说到妻子受的打击很大，几次从娘家回来，都是泪流满面，伤心不已，有时饮食不进，入夜难眠，人消瘦了，脸也变得蜡黄了，母亲嘱咐我，要对妻子好好赔罪。当我听到母亲训斥，我没有进行任何解释，对所发生的一切我当真事认领，我觉得没有必要解释，唯一的是让妻子了解我的心，像过去一样，坚信我是她终生可靠的丈夫。

在一个多月的时间，我与妻子形影不离，主动与她交心，妻子这时最需要的是安慰，需要我心中流出的血去医治她创伤的心，需要的是温暖甜蜜的柔情化解她心中的疑团。“人非草木，孰能无情”，经过一段生活，妻子终于为情所动，她摆脱了阴影，爱情与婚姻不但未破裂，相反地却更加深切和巩固了。为了纪念这段难忘的时刻，我提出要妻子绣一首手巾诗。古代文人与妻子相恋时，以才子与佳人自比，由丈夫作诗，妻子将诗绣在手帕上以作纪念。我记得当时所绣诗的内容是：“夫妇情长久别离，鸳鸯枕上泪双垂。出时嘱咐真情话，不料如今久不归。叹想家中柴米贵，又思身上少寒衣。思量结发当初好，谁知今日受孤栖。野鸟夜来成对宿，奴夫不见转回归。”妻子以七天的工夫用黑线在白竹布手帕上绣出了这首诗。这打油诗是我中学时阅读的，只不过我对号入座，把妻子与丈夫分居的离愁联系上了，这很切合妻子的思念丈夫的心情。这首手帕诗的字是我一笔一画写成的，妻子是一针一线绣出来的，这手帕我保留了多年，但在"文革"中丢失，十分可惜。当年妻子听我解释诗而脸上挂满了幸福泪花的情景，至今我仍历历在目。所幸这首手帕诗还保留在我的记忆中，真实地记录了夫妻的离愁。

1957 年暑假与妻子团聚的日子，在我的人生中具有很重要的意义。我们夫妻确定了以后生活的路标，这就是顺应形势的变化作永久分居的准备，分居是大势所趋，涉及的夫妻万万千千，我们必须面对现实，分居拆散不了我们夫妻，分居仍要构建生活中港湾的家庭，如在沙漠中培植绿洲一样，在我们分居的日子也要建立一个属于我们永久的家，结束夫妻飘零不定的生活。我向妻子郑重承诺，我大学毕业后一定回到离家不远的长沙，在老家宁乡组成新家，妻子也表示在这个家庭中将有我们的儿子和女儿，她将尽最大的努力，当好这个家庭的主人。

大学最后两年一晃过去了，毕业时我把从来不敢公开的有家室的秘密告诉系总支书记，书记很有人文关怀精神，他本来想把我留校，考虑照顾家庭，同意我到湖南大学工作。我把回湖南大学的消息告知爱人，告知组织已批准了我到湖南大学工作，使她久悬不定的心安定下来。但这时恰巧受湖南大学的派遣到北京进修学习，导师侯外庐是享誉中外的大史学家，机会难得，不容耽误，仅到长沙不到两个月，不得已我又去北京了，无法回家与妻子团聚，也无法分享妻子对我回长沙工作的欢快心情。

大概经过多年夫妻分离的磨炼，我们更成熟和懂事了，我们以很平常的心态看待这次暂时的分居，鸿雁传书，书来信往，我对妻子的怀念只有通过书信传达了。这个时候，我从妻子来信得知我家出了一件很不幸的事，我敬爱的母亲身患绝症已到晚期。我不在身边，依从我的嘱托，妻子从娘家回到我老家，替我侍奉老母，最难得的是，她一个从未出过远门的农村女子，陪着重病的老母经过一百公里的行程到达长沙医病（当时交通很不发达，坐汽车也要两天才能到达长沙），虽然老母医病有我在湖南医学院工作的高中老同学帮助，但病人的护理以及生活上的照顾，都靠她一人承担。一个重病的老母，一个未见过世面的农村女子，在大城市生活，其困难可想而知。老同学来信称我的妻子是贤妻，是孝媳，值得尊敬。妻子虽然尽了心和尽了力，但老母无法医治，于当年六月仙逝，妻子尽孝到终。妻子有如此的孝心，在农村的儿媳中少见。想到这里，我恨不得回到妻子的身边当面致谢。不管学习如何忙，路程如何远，我决心回家探视，恰好 1961 年国家实行探亲假制度，我于当年腊月回到久别的老家，实现了夫妻的团聚。

离家不到四年，家乡已变得让我几乎不认识了，处在国家经济上最困难时期的乡亲们，都在人民公社的食堂用餐，吃不饱，大多过着半饥饿的生活，用野草充饥，营养不良而得水肿。过去茂密的森林变成光秃秃的黄土地，据说树木在 1958 年大炼钢铁时已作焦炭了。此情此景，使我大出意外。幸得老父、大哥大嫂安好，二哥受饥荒所迫，已去江西，留下二嫂及儿女在家。老母已病逝，走到坟地，看不见生我养我的母亲，我禁不住泪流满腮。这时，我没有看见妻子，不知她怎样。妻子接到我侄女的通知后，即刻来到我的老家，迎接我去她娘家。妻子虽有几分憔悴，但仍有青春女子的光鲜，令我欣慰。妻子见到我，倍感亲切，满怀热情地接待我，她为了安排好我的生活，劝我回她的娘家，老家母亲不在，担心我悲痛难受，父亲年老，无法照料我的生活，哥嫂儿女众多，居住多有不便。她要求我一定去她现在的家即娘家度假。在妻子的安排下，我和妻子团聚在岳父母家。这次回家与以往最大的不同是，以前回家由我父母安排生活，这次却全是由妻子做主安排。妻子高志,是高家的大姐,兄弟姊妹年小,岳母在病中,实际上当家是她。她生怕我生活上受苦,千方百计地照顾我,我虽有吃饭的粮票,但在当时的公共食堂下,她设法在家开小灶,使我吃好。她把以前从缝纫社赚的一点钱,从黑市上用高价买二斤食用油,自己省吃也不让我受饥饿,"患难见真情",凡是我遇到生活上难过的坎子,她总是无私地帮助,在患难中,我更感受到妻子的忠诚和赤心,感受到妻子的通达和贤明。我工作已有几年,每月有五十五元的工资收入,但从来没有寄过钱给妻子。我愧对妻子说:我每月的工资收入,除了留下自己伙食费及少量零用钱外,余下都寄给在本地邮电所工作的堂妹,由她转交我父亲(当时直接寄钱回家,食堂会没收),到黑市买高价米以充饥。妻子听后不但没责怪我,她还表扬了我有孝心,她认为我从北京邮寄糖和猪肉给母亲(母亲病中想吃肉,乡村无货),母亲病中寄钱医治……苦了我,家中暂无儿女,不必挂心,不要苦了自己,要保养身体。妻子几十年前的这些话,不管岁月如何推移变化,我永志难忘。

这次回家,正是农村生活最困难的时期,勤劳的农民正受着生活的严重考验。我们夫妻相聚一个月,也考验了我们夫妻的感情。夫妻相聚,感情一次比一次深,一次比一次更坚贞。面临着又将离别,难免惜别依依,妻子伤怀。我劝慰她说,这样分离的日子不会太久了,一年多以后我将学习结束,我回到长沙工作的第一件事是安家,构建属于我们的家,我们结婚多年了,应该有自己的儿女了,妻子听后激动得说不出话;女子多情总抛泪,眼睛是心灵的窗户,眼泪洒下的是如水的柔情,她所盼的是早日结束夫妻牛郎织女分离,盼的是我们新家早日建立。

1962年春,我从北京学习结束回到了长沙。为了实现我的诺言,我从岳父家把妻子接回,兄嫂腾出几间房子,把妻子分散的嫁妆集中,添置炊具,正式在我家所在地的生产队安家。家庭无男劳动力,我是教师,按国家的"四属户"(军属、干属、教属、工属四属)照国家粮价由生产队供应口粮。生产队给一定的自留地以作蔬菜种地。我妻子会缝纫,有做衣服的好手艺,虽家庭无男劳动力,但她承担全生产队一百多人的衣服制作,只计工分,不付现金粮酬,实际上对生产队贡献还大于男劳动力。多年盼想的属自己的家,营造美好家庭的任务全部落到了妻子的肩上。

家庭建立第一年,妻子是单人户口,除了照顾父亲以外,没有其他牵挂。但到第二年就不同了,妻子身怀有孕,反应非常,呕吐不止,身体消瘦,需要照顾。起初,由她附近的姐姐照料,后来到分娩时我把她接到长沙,由我直接照料,担当起对妻子应尽的责任与义务。1963 年秋,我们有了一个女儿,小儿生下只有四斤多,在长沙四医院生,取名小沙。坐月子期间,她的姐夫送来了鸡和蛋,营养得到保证,奶水很好,小儿长得很乖,我除了上课外,家务一切由我承担,在长沙她足足住了两个多月,她挂念着家事,由她姐夫接回了家。

妻子回到家中不像往日,她的家庭负担加重了,既要带养女儿,又要作缝纫,还要种地。生产队社员对我说,妻子一只脚踩缝纫机,一只脚踏小儿睡的摇窝,既当母亲又当父亲,甚是辛苦。为了减轻妻子的家务负担,我每年假期回家,特别是暑假双抢时节,生产队对妇女都安排定额的插田任务。我妻子也不例外。暑假是我在家劳动的日子(这时不像"文革"时由学校安排集体去农村双抢)。我或下田插秧,或煮饭带小女,一天到晚都在如汤煮炎热的烧烤中度过。我是农民的儿子,这一切对我并不是难事。虽劳累,但心中乐滋滋,我已是小女的爸爸了,应该尽一个做爸爸的责任了。

1965 年,我们又有一个男儿了,已成一个四口之家了。随着人口的增加,生产队供应的平价的四属粮也增加了,多了两张嘴,多分些了其他人的口粮。生产队虽受到国家关于供应四属户口粮的压力,但四属户无男劳动力出工,总是受到歧视,一般只给生产队平均口粮的百分之七十,大大低于生产队平均口粮。本来,妻子为生产队一百多人做衣服,其贡献大大超过了一般劳动主力,如果在外队做衣服,有工资报酬,主家还以饭食招待,在本生产队做衣服,只计工分,自己还要负责成本如购线等,工分年终决算,十工分只有五六毛钱。做衣服的工分是固定的,生产队社员的工分是活的,有时一天挣到七八十分。一年下来,不管妻子如何辛勤,工分只是主劳工分的三分之一,甚至比一般妇女的半劳力还要少,男女同工不同酬。生产队不但不感到不合理,相反地却以为我家没有男劳力出工,得到了生产队的好处,好像这是应该的。本来我家口粮不够吃,生产队还规定派购猪的任务(规定一年要向国家完成一条肥猪的收购任务),粮食更显得紧张,来年的购粮款,往往在年前作为投资支付。我经济上的压力也很大。

有一次省政府副秘书长薄贵先约我到他家叙谈(他是我1965年农村社教省委直属分团的团长)。薄贵先自从1965年宁乡社教以后,成为我结识的一个为官的朋友。每隔一段时间,他总要约我叙谈时势,并且每次都盛情招待。这一次,他专门要我谈农村情况,特别是我在农村家里的情况。我如实地反映了农村的形势,其中谈到农村缺化肥、农药,尤其化肥中的尿素更是难求。我也顺便谈到了我在农村家中没有劳动力出工的难处。薄贵先同志听后很同情,指出我的担子不轻,家庭的拖累要认真对待。说到这里,他若有所思,停了一会,叫他夫人老周把今天的饭食搞好一些招待我。随即他

队出一点力,生产队不是缺化肥农药吗?设法弄

你家吃平均口粮了。他明知我是一个穷书生,

但提出这个问题显然是表示有意帮助我。我

即向他央求帮助。不久之后,他批条子在株

千斤尿素,紧接着从易家塆农药厂弄得两箱

农药,从此之后大大缓解了我妻子来自生产队的压力,当年的口粮标准达到了生产队平均线,解决了妻子苦恼的养猪饲料问题。

薄贵先同志对我家帮助和支持多年,除了"文革"的被审查以外。其中一次的帮助,给我留下的印象特别深。1966年"文革"将要开始时妻子向我反映生产队干部已多次来家,要求我弄化肥,我回家的第二天晚上生产队主要干部到家提要求,我已在乡下,薄贵先同志在湖医高干病室住院,不便打扰,但生产队干部说当年分配的尿素极少,生产队几百亩地,分配的尿素即使作肥料引子也不够,我左思右想,甚是为难。妻子对我说,写一封信交生产队送去长沙,请示薄主任,即使未解决,生产队也知我尽力了,不会责怪,我用铅笔写给薄主任一封信(当时薄是省委办公厅主任),生产队队长去湖南附属二院把信交给他,想不到薄主任在医院亲切接待送信人,并用毛笔向株洲氮化厂薛厂长写了一封信交给生产队长,并还专门去电话联系,帮生产队解决了一吨尿素。生产队高兴,我妻子更高兴,我也非常感动。这是薄主任对一个知识分子的关怀。多年来薄贵先于公于私都帮助我(他做政府秘书长为书院筹措一次经费,甚至书院的木藤椅都是他定做的),像这样关心知识分子家庭难处的领导,在我一生中几乎仅见。

时间过得真快,转眼几年过去了,最小的男儿也到了入学年龄,女儿也面临上中学,小孩的教育成了家庭的突出问题,1978年,我把两个

弟学校就读,家庭实际上已由农村向城市转移(这

妻子仍在乡下劳动,儿女的口粮仍靠生产队供

的全责,我变成家庭的主人,像妻子以前一样,

有城市户口,生活上带来许多困难,没有煤

少市一中老同学朱淑波送煤票,多亏周彦给

和食用油由妻子按时运送。小孩听话懂事,

全家衣服由女儿清洗,男儿知我工作忙,他总是按时做好作业。妻子也常来长沙看望儿女,来来去去,犹似团聚的一家。虽然仍是分居,但我们夫妻之间留下了许多的美好回忆。从 1962 年农村安家至 1981 年城市正式落户,分居前后达十九年之久。虽不能时刻聚首,但毕竟有了属于我夫妻真正的家,有了儿女,享受了家庭的天伦之乐。我兑现了对妻子的郑重承诺,对家庭和妻子我尽了自己应尽的义务和责任。妻子在农村的日子,她力撑家庭所做出的艰辛的劳动,使我认识了妻子的善良,她确是丈夫的贤妻,儿女的良母。妻子也感受到我的忠诚,不是一个负心人,是一个忠实可靠的伴侣。虽然我们都很辛苦地支撑这个家,但我们感到幸福,恩恩爱爱,难舍难分。十九年虽是半圆的家,未时刻聚首,但我们的爱情和婚姻经受住了时间的考验,先辈们的先结婚后恋爱的模式在我们夫妻这里得到了成功的验证。

1981 年,是我们夫妻由分居走上永久团聚的大喜日子。在党中央落实知识分子政策下,高等学校讲师以上的教师在农村的妻室可到丈夫所在地的城市落户。我带着长沙市公安局接受落户证回家办迁移证,我妻子流下了幸福的泪珠,我的亲戚都沸腾了,生产队好像办喜事一样,特意安排放电影庆祝,亲戚前来道喜不绝。他们把我们夫妻团圆作大喜事庆祝,这既是对我们的怀念与送别,更是对党的知识分子政策的感激,是对我们这个时代的庆幸。我们夫妻生活又进入了一个新的历程。

三、白首相聚

一般来说,夫妻永不分离在一起相守一辈子,是大家追求的,推许为最幸福的婚姻。但有时受条件的限制,或者某种需要,夫妻双方单居独守，也是常有的。丈夫从军别妻，古往今来均有之，学生负笈千里拜师受业，夫妻一时分居，也很难免。尽管如此，但既是夫妻，分离独孤的生活不应是长久的，更不应毁家不顾。没有家就没有婚姻。人们最害怕的是夫妻白首不能相聚，最害怕的是夫妻年老没有归宿的温暖的家。我们夫妻很幸运，虽然近三十年分居独守，但到半百之年终盼到了夫妻相守不离的日子，虽是白首相聚，但我们夫妻有了一个彼此相守的稳固的家，过去两地睽违的日子一去不复返了。

1981年落户长沙市以后，我有了正式的住房，享受了城市人口物资供应的待遇，全家都变成了城市合法的居民。妻子也被安排到湖大子弟学校做临时工，有工资收入，家庭的经济条件也有所改善。夫妻子女生活在一起，过得很甜蜜。

20世纪80年代，我们祖国正迈着改革开放的巨大步伐迈向新时代，东风劲吹，百废待兴，赤土神州，日新月异。随着科学春天的来到，广大知识分子打开长久被桎梏的思想闸门，冲破一个又一个禁区，解放思想释放出巨大能量，驱动知识分子向科学的高峰攀登，在这个时刻，我也在学术上实现了归位，从学术荒地走出，在"文革"中抛荒的学术园地重新开拓，开启我一生的好时代。夫妻的团圆来得很及时，我肩上学术和工作的千斤重石正等待有一个贤内助支持。

妻子虽不是读书人，但她理解读书人的心，理解读书人的事业和理想，我们成为夫妻以来，在她最困难的时刻，也没有干扰我的学业事业，扯我的后腿，几十年如一日，一直到她离世前，仍挂念着我的学术事业。20世纪80年代后，我身上压了繁重的工作和学术任务，既是湖南大学岳麓书院的负责人，又是老师，还肩负着繁重的学术研究的任务，真可谓一身多用，不堪重负。妻子见到我夜以继日和加班加点工作，她为了让我全力地投入工作，主动地挑起了一切家务，吃、住、用从来都不用我操心，安排得顺顺当当。她在湖大子校工作，与老师配合，儿女的教育主要也是她承担。我已年过半百，加之工作压力大，作息时间长，我的身体很虚弱，常带病上课，抱病写作，她看了十分心痛，家确是夫妻的心理诊所，她总是从心理上安慰我，使我得到精神上的支持。她是一个很细心的人，她熟悉我的生活习惯，如在饮食起居上对我的爱好一清二楚，总是满足我的要求。特别对我病中的照顾更是无微不至。1992 年，我住院实行胆息肉切除手术，手术倒顺利，但用进口的消炎药过量引起药物中毒，呕吐、头痛站立不起，头上好像有一个紧箍咒，疼痛难忍。医生当时找不出原因，我爱人日夜相伴，心里着急，担心我出事，夜深暗暗地哭泣。将近二十天，日夜不离。后来，经过神经科与外科医生的会诊，找出药物中毒的原因，经治疗，我可以站立了，妻子每日搀扶着我在病室走廊上慢慢走动，缓解病情。病房的护士见到妻子悉心护理，也为之感动。有一天，肖护士长突然对我说："你有一个好爱人，如此体贴病人，我们护士都做不到，虽然护理会做，但没有你爱人这份情感。"紧接着又说："你们夫妻相貌很相像。"我听之后，觉得十分诧异，我对肖护士长说："像你这样说我们夫妻貌相像，从来没有人这样说过。"护士长说："只要是恩爱的夫妻，他们都有很相像的面孔。"我向其他护士问及，他们都有护士长的说法。我对这种说法虽感到有些玄，觉得没有科学根据，但我们彼此恩爱却是事实，几十年的夫妻，我们没有吵过一次嘴，没有红过一次脸，夫妻举案齐眉，相敬如宾。湖南大学家属委员会曾要把我们评为五好夫妻，我们觉得这太张扬，婉言谢绝，肖护士长虽以貌取人，但对我们夫妻恩爱的评价并非虚言。

我出院在家将近一年，药物中毒的后遗症折磨着我，脑部疼痛未痊愈，不能坚持工作，书院的工作由副手承担，学术研究被迫停止，几次强作精神硬挺，均支撑不了而放弃。我十分着急，心情苦恼，这时妻子以女性特有的温情安慰我，温暖着我的心，在生活上悉心照料我，想方设法加强我的营养,增强我的体能。妻子虽不是医师,但她给我的温情却使我精神上受到莫大安慰,不管病情如何难受,我都保持着正常心态,精神上并没有屈服于病魔。经过十二个月的治疗与休息,曾认为几年之后才能治愈的后遗症不到一年的时间复原了。若是当年没有妻子的呵护,我无法想象有今天的样子。像妻子这样的无私、这样的忠诚、这样的坚持,不要说是医师或者保姆,即使是儿女也难以做到。家是安全的港湾确是没错,我们夫妻应该把流行的不正确的“夫妻本是同林鸟,大难来时各自飞”进行改写,改为“夫妻本是比翼鸟,大难来时相扶持”,这体现了患难相交的夫妻关系。

几十年来,在完满的婚姻上伦理学家们做过许多的研究,发表了许多论述,我对此没有做过专门的研究,但从我与妻子几十年的相处体会到完满的婚姻总是建立在三条信念的基础上,一是夫妻双方必须是平等的,男女虽然在生理上有差别,不能在体力作一样的要求,但妻子与丈夫在政治上和人格上是绝对平等的,对此必须坚守;二是夫妻双方都对另一方都负有自己的责任与义务,夫妻双方必须遵守自己的责任与义务的信念;三是夫妻的感情不是一般的友谊,是夫妻之间独有的一种特殊感情,具有专一性和绝对排他性,爱情的不可转移性,这是夫妻感情与一般友谊的根本区别。纵观古今,上述三个信念都是构成完满婚姻和家庭幸福的信念基础,失去其中任何一个方面,都会带来婚姻的不幸。如家庭出现的暴力和冷暴力、丈夫抛妻弃子、纳妻纳妾等家庭不合理的现象,归根到底,都是夫妻之间人格和地位上不平等带来的。造成不平等有诸多的因素,或是男方富有,女方贫穷,或是男方当官,女方为平头百姓,或是男方赚钱多,女方赚钱少等。本来,夫妻间的感情之所以纯洁和真挚,就在于抛弃了以财产和地位论婚姻的陋习。对这种陋习在我们先人有源源不绝的批评,民间流传对千金小姐王宝钏不嫌贫爱富的赞美,或是对陈世美不认前妻的鞭笞等,都说明财产和地位是构成夫妻不平等的罪根。尽管旧社会提出婚姻门当户对,企图抹平夫妻之间不平等的关系,但真正要解决夫妻平等关系,唯有从爱情中彻底排除财产和地位的干扰,使夫妻回到爱情和道德的轨迹上。恩格斯提出,不以爱情为基础的婚姻是不合理,也是不道德的,即以此指。

回顾我们夫妻几十年的稳固的婚姻关系,其中重要的一点是夫妻之间有真正的平等关系。我是读书人,是一个学者,妻子是无文化的家庭主妇,在有些人看来,似乎夫妻之间存在着不平等,但我认为这种差异与人格与地位的不平等根本不是一回事。尽管传统习俗可能使妻子产生自卑感,但我作为丈夫更应该平等看待妻子,尊重妻子,把妻子当作家庭主人,我的工资收入,还包括额外的收入,全部归“公”,由妻子管理使用,我从不干预。对儿女教养、对外关系处理等方面,都尊重妻子的意见,妻子也对我很尊重,凡是家里的大事主动与我商谋,我们夫妻之间始终保持一种平等的关系。

妻子虽是家庭妇女,但有很强的自尊心,做丈夫的在任何时候都不要伤害妻子的自尊心。有一次老同学的妻子当着我的妻子面无意中说,一个教授与一个无文化的妻子相处这么好,做丈夫的确是难得,一般人很难做到。说话人无意,听话人有心,妻子觉得伤了她的自尊心,表示不高兴。事后对我说:这个女人是有文化,但说出的话很刺痛人,好像没有文化的妻子低人一等,而有文化的丈夫在妻子面前高人一等,你对我好,好像是你对我的一种特殊的恩赐。我从妻子的反应中,第一次认识到老伴是一个自尊心很强的人,提醒着我千万不要伤害她的自尊心,贬低她的人格,在朋友面前,我最担心的是朋友从文化上说我们夫妻不相配而表扬我这一类的话。妻子不想听,我也不想听,文化的差异,本来就不是人格高低之分的依据。

为了体现我们夫妻的平等关系,在20世纪80年代后,我有意识地创造条件,花费一些钱带妻子参加我有关的外出活动,去杭州、去上海、游苏州、上北京,多次夫妻同行,所到之处受到我的朋友接待和尊重,特别是一次去北京给她留下的印象特别深,本来我平时去北京一般是不要接站的,这一次却例外,中国社科院历史所我的同学黄宣民听说我和妻子一同来京,特意派车亲自到站迎接,并说"你老伴是贵客,不敢怠慢"。无文化的妻子受到学者如此热情的接待,令她感动。她体会到我们夫妻之间真正的平等。

妻子长期生活在闭塞的农村,每外出一次,就增长一次见识,与丈夫外出,她感受到夫妻之间的愉悦。我们虽是老夫老妻,但为了夫妻之间的愉悦,我愿意做出尽可能的付出。她想瞻仰毛主席遗容,想登上举世闻名的天安门城楼,我又第二次陪她上北京,满足了她的心愿。这样夫妻外出同行有多次,去广州,到四川,游河南、武汉等,她与我几乎走遍了半个中国。

学生对他们师母的尊重,更感动了我的老伴,每当她听到学生的师母称呼,令她感到十分亲切,引以为自豪。她不能帮助学生,时时叮嘱我要善待学生,在学生面前,她很自信,把学生的小孩当自己的孙子一样亲热,韩国留学生刘承相离开他的祖国,到中国拜师受业,对他如亲人一般,经常弄可口的饭菜给他吃。妻子在学生和我的同学面前,表现出自尊、自重,显示我们虽然在文化上存在着差异,但人格上是平等的。

常常有这种情形,在男女恋爱阶段,双方柔情醉心,体贴有加,但一旦结成夫妻之后,往往成另一个样子,特别是有一定地位的丈夫,回到家二手不充,好像主人对待佣人一样,要求妻子百般地服侍,而自己可以不对妻子尽责任与义务,甚至把侍奉老人和抚养儿女的责任全推给妻子。本来,夫妻双方对另一方有义务与责任,对儿女尽抚养之责,这是婚姻的本质。婚姻中的义务与责任如同契约一样,必须共同遵守，否则，就没有稳定的婚姻，甚至导致婚姻关系的破裂。

我们夫妻双方对彼此之间必须履行的义务与责任也有一个认识过程。开初，我求学期间，夫妻分居两地，根本没有婚姻中义务与责任的认识。以后，虽在农村中建立了属于我们自己的家庭，但分居两地，没有儿女，基本上是无牵挂的独身，夫妻之间义务与责任的信念也很淡薄。1963 年以后有了儿女以后，妻子既做母亲，又是父亲，一个人承担着两个人的重负和责任，这时我不由得想到了家庭的责任，虽不在妻子身边，但在寒暑假回到农村的家中，或者妻子来长沙市探视，我都主动尽家庭的责任。回到家中，无论什么事我都主动地做，分担责任，体力劳动也如此，当地老乡见我和妻子一同下地，一同上山砍柴，一块搞家务，周围的人议论说，像这样的读书人、大学老师少见。在“文革”中有一位大学的肖同学到我家，恰好相遇我在山中砍柴时，他感到十分惊奇。我是农家子弟出身，失学两年在家务农，一般农活我都能干。这不只是干农活的问题，更是我对家庭、儿女尽责任的问题。家庭需要夫妻双方营建，儿女需要夫妻双方抚养，老人需要夫妻双方侍奉。维护家庭夫妻双方都有义务和责任。

我们家落户长沙市后，妻子为我后半生的学术研究做出了极大的牺牲，老夫老妻，守望相助，步入老年，更是需要相互扶持。老伴在她花甲之年，不幸患上了绝症，她思想包袱重，没有公费医疗，我尽了一切努力为她医治。及时的手术医治，延长了生命十余年。在这些日子里，我在精神上给予她安慰，温暖她的心，在物质生活上，尽可能满足她的要求。她手术后，根据医生的意见嘱托，三年一检查，五年一检查，七年后大检查，这是三个坎，这三个坎检查没有问题，据说病根已除了。经过复查，这三个坎都过去了，我们夫妻感到很高兴，她对生活充满了希望。

想不到的是，十一年后她臀部疼痛，再去医院检查，发觉病根复发已转移到臀部骨头。这是我们夫妻最不愿听到的不幸消息。但事已至此,别无办法,只要有一线希望,不惜代价医治,三次住院医治,甚至打一针都要花上千元,花费巨大,即使负债,也要为她医治。这个时期,我正在撰著宋代理学伦理思想,工作十分繁重,虽然家里请了保姆,为了给她精神上的安慰,每晚我仍陪伴着老伴,晚上几次起床给她倒水喝,疼痛时给她吃药,经历了许多不眠之夜。妻子危难时需要丈夫的支持,这是我对妻子应尽的义务和责任。老伴也心疼我,她坚持要保姆晚上照料,我虽依从了她,但放心不下,我每晚睡觉前一定到她床前探问,天天如此。在她病最严重时刻,请两个保姆轮流为她痛处做按摩。同时,设置了家庭病床。妻子病复发之后,又经历了三年多的时间,至 2006 年她与亲人艰难离别,撒手去了不知的另一个世界。

几十年的夫妻,虽然度过了长久的分居独守的岁月,虽然经历了生活上难熬的日子,但我们的婚姻幸福美满,夫妻平等,爱情专一,各自尽了丈夫和妻子的义务和责任。看似极平淡的婚姻,却留下我人生最不可忘却的记忆。妻子离世已八年,但她的言容声貌犹在眼前,她仍活在我的心中,仍活在她最难离弃的儿孙心中。

第五章　学术记

梁启超说:“学也者,观察事物而明其理者也;术也者,取所发明之真理而致诸用者也。”以梁氏言之,我把人生的学理研究标明学术记多有不切。因为我从事的多是停留在学理这个层面的著述,而致用则几乎谈不上。但从我一生从事的史学研究而言,在一定意义上说,又体现了学与术的结合。史学是“国民之明镜也,爱国之源泉也”,其责任至重。如果世无史学,民族则无自己的传统,数典忘祖,历史上无尧舜与桀纣、贤哲与奸佞之分,社会妍媸同灭。以此言之,我的学术研究也包括了“术”之用。故仍用“学术记”以标题。

学术研究是我人生事业最重要的组成部分,为实现我人生学术之梦,几乎耗尽了我的毕生的精力,尝尽了人生的苦辣酸甜,伤痕与愉悦交集,走过了我学术人生的流年。

一、走上学术研究之路

梦想成为一名学者,这是我大学时期立下的人生之愿。在大学学习期间,虽然我是最普通的一名大学生,但与以往不同的是,我的学习环境发生了深刻的变化，已进入到高等学府的殿堂，在中学时代被我神秘化了的学者、教授就在我身边，他们的学识和举止影响着我，著名的唐长孺、谭戒甫、吴于廑教授，成为我崇拜的学者偶像。他们自甘寂寞，不弃寒窗，著书立说，成一家之言，这多么了不得。读唐长孺先生的代表作《魏晋南北朝史论丛》，我为他思想的睿智力而深感震撼。这些学者不浮躁，举止文雅，衣着质朴得体，他们好像处处都值得我学习。久之，我心中无形中升起了学者的楷模，萌发了做学者的人生之梦。虽然经历了学校红与专的大辩论，经历了 1958 年破除迷信、解放思想，学者的名声一再被贬与污名化，但我对身边学者的尊敬始终如一，学历史的人都会明白，不管社会如何动乱、兴衰，不管历史如何变化，有思想、有学问的学者在历史上不可能缺席的。在大学学习期间，我已有一个人生的明确目标，期求做一个史学研究的学者，做一个传承历史文化的大学教授。

生活实际告诉我，心中的梦想，开始时只是一个年轻学子的天真的追求，梦的内容含蕴构想极其抽象模糊，脑子留下的是一片朦胧，如何去圆梦，更是没有想到这层。几十年的人生磨炼，我才感悟到，实现人生之梦经历了七曲八弯曲折的人生之路，跨越了人生路上的数不清的门槛，接受着人生一个又一个的考验。人生梦不是妄想，不是痴念，它与国家和民族的命运联系在一起，受历史的检验，似乎时代潮流为所有的人铺设了宽广的人生之路，等待着人们去践行。我也是在这条路上艰难地行进。

我很幸运，历史为我提供了实现学者之梦难得的一个好的起点，大学毕业后，我被留在高校工作，分配到湖南大学做教师。这表面看来，无关紧要，实际上为我提供了从事史学研究难得到的条件。如果在机关或者中学工作，则不具备这种条件。中学工作虽可坚守自己的专业，但无图书条件也无时间从事学术研究，即使有个别拔尖者，他们转到学术岗位也是多么的艰难。我大学的一个与我玩得很好的同学蔡镜泉,他很有才华,有理想,我和他常常讨论人生之路,但因他在反右派斗争中被内部定为中右(中间派的偏右),不受重用,被分配到湖南沅江市的中学,当了一名教学匠。其才能被埋没,时代不给他机会,真可惜!

我之幸运,不在于我有了从事学术研究的起步的平台,而且我想不到的是中大学毕业后还有深造的机会。湖南大学原是一所古老千年学府改制后的文、理、工、法学科全备的综合性大学,从 20 世纪 30 年代列为教育部直辖的十余所重点大学之一。但在 1952 年,为了学习苏联的经验,高等学校院系调整,湖大变成了单科性的中南土木建筑学院。几年之后在政界和学界的推动下,1958 年湖南大学重新筹备恢复。文科再次上马。湖南大学文科开始吸纳人才,培养师资队伍,已到位的大学刚毕业的青年送去其他高校进修学习。本来,1957 年后,研究生已停招(直到"文革"后才恢复),大学毕业后,再无深造的机会了。我恰在湖大文科筹备的关键点上,得到了深造的机会。在大学学习阶段,一个运动接着一个运动,教学秩序被打乱,专业学习受到极大的冲击,我早盼有一个学习补救的机会。再学习的机会到来,我感到是我人生的庆幸,机会难得,我一定百倍努力抓着这个机会。我大学专修历史,但历史涵盖面极广,且不说包含中国历史、世界历史,在中国历史之内门类诸多,有近代与古代历史之分,还有诸多的专门史。我对中国思想文化情有独钟,我决定以此为我进修的方向。在著名的武汉大学唐长孺教授推荐下,拜师于中国五大马克思主义史学家之一的侯外庐门下,专修中国思想史。

1959 年 9 月,我乘上从长沙北上的火车,一天一夜到达祖国的心脏北京。当时社会科学院是中国科学院的组成部分(中国社会科学院"文革"后独立),总部设在北京建内原海军大楼。历史研究所所长郭沫若(兼),副所长侯外庐、尹达。历史研究所是文章府地,集中了一批第一流的学者,有众多年轻才俊,有少数尚未毕业的研究生(1957 年春招收),中国思想史研究室是历史所的专门研究中国思想文化的重要研究室,侯外庐先生亲自兼任主任,是学术的引路人。我当时急想见到这位国内外享有盛誉的学术大师。一天上午,侯先生同往日一样,走着方正的步伐来到研究室,满头乌发,眼神发亮,精神矍铄,背直腰正,充满阳光与帅气,根本不像已过花甲的暮年老人。先生坐下后,研究室的同志不约而同坐在周围,刚坐下,他用眼凝视着我,“你叫陈谷嘉吗? 什么时候到北京?”学术秘书向先生作了介绍,并说我初来北京,这两天安排浏览和参观首都北京名胜。侯先生连连称好,“应该,应该”。我所见的侯先生和蔼可亲,没有大师的架子,他简短的一句话,使我身上产生了一股暖流,周身兴奋不已,自感大学时倾慕和崇拜的学术大师即在我面前,我已成为他的正式学生,如此事遂人愿,连做梦也想不到。

思想研究室除三位老学者之外,有好几位年轻才俊者,张岂之、李学勤、杨超、何兆武、林英,他们是侯先生的得力学术助手,另有祝瑞开、冒怀辛两位未毕业的研究生(1957 年春入院)。另外,与我同年来研究室的有黄宣民(中山大学)、步近智(山东大学)、唐宇元(南京大学)。这三位是实习研究员。整个历史研究所从高校来此进修的只有我一个人。研究室既把我作实习研究员,又把我作研究生。研究室在侯先生具体领导下,形成了一个坚强能干的学术梯队,研究成果累累,为全所之冠,并且又是历史所少有的团结的集体。研究室与侯先生关系,不是简单的领导与被领导关系,而是一种亲密的师生关系,一致以侯先生为老师,都以为侯先生门下而自豪。同样,侯先生也把我们看作学生,在学术和生活上给以深切的关怀。同事之间都以同学相待,对年长于我们的称师兄、学长,学长对我们称学弟。不分彼此,互相关爱,犹像一个温暖的大家庭。与往日大学学习相比,完全是另一个样子,学术气氛浓烈,人情味十足,我已朦胧地感到在我面前已铺开了一条正在等待我踏上的人生学术研究之路。

引向我走上这条人生学术之路的正是侯先生。侯先生指明我为之一生奋斗的学术研究方向,中国思想文化确定为我的主攻目标。侯先生在这方面是我们的先行者,是我们的榜样。他在国外异乡,或在旧中国的险恶的文化白色恐怖统治的环境,无论是新中国成立后主管大学的校长,或是中国科学院历史研究所的负责岗位,他始终如一,矢志不移,坚守学术研究。中国思想文化研究始终不弃,形成他学术重要特色,以致被学界誉之为20世纪以来我国文科研究的第一学派即侯外庐学派。我跟随侯先生学习,明确了我人生学术研究的目标和努力方向。这对尚未在学术上开步的年轻人十分重要。反观历史,一些人虽有才华睿智,但没有学术上主攻方向,东一榔头,西一斧子,瞎碰乱撞,其结果不是事倍功半,即是一事无成。这种教训必须吸取。

侯先生对我学术指引,不仅仅使我有一个学术研究方向,而且也指引我如何为实现这个目标练就功夫,打下学术基础。针对我们新来的几位年轻人在大学都没有系统地学习中国思想文化史,规定我们必须补课,是全身心地阅读多卷本中国思想通史,中国思想史被奉为史学研究经典,内容精深,涉及文、史、哲、儒、道、佛诸方面内容,初读十分吃力。经过一年多埋头刻苦的学习,对中国思想史的内容和发展过程有了一个系统的认识,有初步的基本知识的积累,为以后开展中国思想史的研究奠定了一定基础。

侯先生把中国思想史看成是边缘科学,涉及众多学科,侯先生认为除了打下史学基础之外,哲学的修养十分重要,哲学是时代的精华,是一切思想文化的理论基础。针对大学历史学科一般没有哲学课的设置,侯先生要求进行哲学的补课,给我们开出书单数种,如《德意志意识形态》《反杜林论》《费尔巴哈与德国古典哲学终结》《家庭、私有制和国家的起源》，要求做笔记。并且还给我们介绍了他当年留学法国从学习到用中文翻译《资本论》的经过，他以十年的心血一句一语地翻译，不仅是中国第一个《资本论》的翻译者，而且他由此受到了马克思学说的熏陶，在理论上有巨大提升，受益一辈子。要求我们甘于寂寞，甘于坐冷板凳，把主要哲学理论的提升看作是一生学术研究必修的功课，是必备的学术基础。

侯先生非常注意年轻人视野的开拓，每次来研究室，常讲的一个主题是介绍学术界的信息，学术界讨论的热点问题，然后针对性谈他的主张和看法。在我印象中，更多地聚焦在中国近代思想文化研究方面。侯先生的治学影响了学生，有学术界评论侯外庐学派，不学究，不闭门造车，思想活跃，具有很强的创新能力。今日思之，这与侯先生当年的学风培养有着不可分的联系。

侯先生很重视年轻人学术研究的实践训练。侯先生培养学生的一个突出特点，给学生压担子，挑五十斤者往往加到八十斤，有压力才有动力，几个助手在此压力下激发了他们的创造力，对中国思想史的著述做出了贡献。同样，给我们几个年轻人压力，规定我作康有为年谱，针对学术界康有为《大同书》成书年代的争论，要求我考证并著述成文。另外，规定我和黄宣民撰著早期改良派对封建文化的批判，要求我从经学的角度论述康有为“二考”（《新学伪经考》和《孔子改制考》）对封建文化的批判。我受到难得的学术研究的实际训练，写作的几篇文章分别发表在《历史研究》《新建设》（后来的《中国社会科学》）、《江汉学报》（前两篇我与黄宣民合作写）。并且还与黄宣民一道参加郭沫若《中国通史》隋唐思想文化初稿的著述（20 世纪 80 年代由黄宣民定稿完成）。

我拜师侯先生门下，虽只有三年多的时间，但我受到学术上的全面锻炼，较之大学学习阶段，可说是进到了一个新的台阶，严格地说，踏上了学术研究之路是从此起步，在这条征途中，虽然遇到过重重的困难，甚至在“文革”中陷入迷惘，但终究未弃中国思想文化的研究，度过了我六十余年学术生涯。“吃水不忘掘井人”，是侯先生引导我走上了中国思想文化之路，这虽是我学术研究开始的第一步，但有此一步，才有两步、三步……恩师虽已故去多年，但他的教诲和嘱托言犹在耳，终生难忘。我记得1962年离开先生之际，先生叫他的得意助手杨超陪我到他家叙别，侯先生在书房接待我。他对我进行许多鼓励，其中更是有期待。嘱托我在学术研究上要沉下去，矢志不移，经年积累，必有所成。不要做学究，要关心时事，特别要加强哲学理论的修养，学识常新，思想常新，不能抱残守缺，学术研究的生命力在创造，最忌思想僵化。说着说着，他起身在书架前拿出一张宣纸亲笔书写毛主席的“不到长城非好汉”的诗给我作纪念。几年的师生关系，惜别依依，侯先生动了感情，我和杨超眼噙泪。这是难忘的一刻，想不到在“文革”中他受到巨大的冲击，肢体受罚，身残瘫痪。“文革”结束，我去看他，他卧病在床，骨瘦如柴，面部下垂，见到久别的学生，双泪长流，似乎有许多话要说，由于语言障碍说不出，完全不像以前精神矍铄的老师，此情此景，我好不伤怀。我通过陪护老师的刘姑禀报了我的情况，特别是提到我将研究先生未及的宋明理学伦理思想，他虽说不出话，但脑子清醒，频频点头，并嘱托我向他的战友邱汉生先生汇报。在先生的鼓励下，经过多年研究，宋、元、明三代理学伦理思想从2006年至2014年已分别出版，但侯、邱二先生已长眠地下，虽阴阳相隔，但我还是相信，在九泉之下的先生也会得知而慰藉，先生开创的学术事业，他的一茬又一茬的学生在传承与发展。

二、学术征途上的迷惘

人生的历程是必然王国走向自由王国的过程，在必然王国走向自由王国的过程中，充满荆棘和曲折，充满了人生的不可预测性，主观愿望受到不可抗拒的客观情势发展的制约。

1962年春，我离别了相聚三年有余的老师和同学，踌躇满志地从北京回到长沙，从中国社会科学院回到了湖南大学。我人生的学习阶段已结束，走上了大学的教师岗位。大学为我提供了难得的学术研究的平台。与三年前相比，湖南大学发生了很大变化，文、理科已上马，数学、化学、物理、生物已开始招生，文科虽慢了一步，但中文系、政治经济系已招收学生。历史系虽未招生，但已形成一个初步的教师队伍。由于历史系未招生，暂寄居在政治经济系。回到学校后，政治经济系副主任朱松乔安排我作中国思想史课的准备。我用心地写讲义，准备发给学生作教材之用。等待着历史系开课的一天。

1963年，想不到湖南大学领导体制发生变化，湖南大学由省主管改由国家机械工业部领导。为了与机械行业对口，刚刚起步的湖南大学的文科又遭厄运而下马，已招收的文科学生合并到湖南师范大学，没有招收学生的历史系教师有的下放到中学当教师，有的改行做其他课程的教师。我留在学校，改行主讲马克思主义哲学课，我大学虽习历史专业，但在社科院专门进行哲学补课，与我要担任的课程接近，不会有大的困难，但我多年立志并已开步的中国文化思想研究即将放弃，怎么办呢？难有两全的选择，唯有把文化思想的研究放在课外进行，作我的第二职业，虽辛苦，但我以为这是正确的选择，1963年在《江汉学报》发表有一定影响的《大同书年代考》以后，我以为这条路走得通，准备一直走下去。

但事情的发展并不是我预想的那样，文章发表后，招来的是对马克思主义理论课的不忠诚的批评。在长沙县乡下搞调查的朱松乔主任听到哲学组组长的反映后，即刻回校找我谈话。批评我不安心政治理论课教学，指出我的工作岗位就是宣传马列主义，如果要搞研究须搞一些学生思想调查研究。组织上已完全挡塞了我对历史思想文化研究，即使是业余也不可能。学术研究完全没有个人的自由，如此艰难，心中好苦。作为政治课教师，必须跟着政治形势走，不容许作其他选择。自从北戴河会议提出不忘阶级斗争后，紧接着思想战线上展开了对修正主义的批判，与此相适应学术界发起了震动全国的太平天国领袖李秀成投降叛变的批判，把罗尔纲积数年之力的《太平天国史》全部否定。不久之后，《人民日报》等中央刊物上，发表了吹响“文化革命”号角的《海瑞罢官》大文。风生水起，批判之风不可阻挡，震动了整个学术思想界。政治理论课教师被视为理论战线的哨兵和尖兵，必须服从政治形势的需要，在此情况下，我被迫放弃了历史思想文化研究的念想。从1963年以后，我被迫封笔，一直到1978年8月参加全国实践真理标准讨论会才重新操笔写学术文章，封笔达近二十年。

“文化”革命，是从文化开始的革命，学术思想首当其冲，受到一波又一波的冲击。面对无情的形势，我的学术研究之梦完全破灭，感到灰心，感到迷惘。但我相信这样的日子一定会过去，社会的发展都是从历史起步的，没有过去，也就没有现在，也没有将来。

当“文化大革命”进入斗批改阶段，传来了一个振奋人心的消息，“理工科还是要办的”。湖南大学是理工科大学，布满蜘蛛丝、空旷无人涉足的教学大楼，渴望迎接新的主人，学识荒废多年的教师，渴望重上讲台，再执教鞭。但文科教师怎么办呢？只说“理工科还要办的”，言下之意，文科不在大学办之列，这是人们普遍的一种猜想，文科专业教师走向何处去，未来的前程如何安排，普遍感到焦虑和不安。在此形势的影响下，紧接着又在学校和社会上流行着文科无用论。文科危险论，已是现实存在，文科无用论，这虽是从“理工科大学还是要办的”引发的一种猜想，但从文科危险论中确已透析出文科无用论。如果文科还有用，那么只表现在批判性方面，批判不是学术，是政治，说到底，文科还是无用。在此形势下，为了生存，许多人酝酿着另谋生路，准备改行。我从报纸上看到，知名历史学家孙祚民已开中医疗所行医。本来，中国历来有看书郎中一说，很多读书人本身即是医家。如红楼梦作者曹雪芹颇通医术，在《红楼梦》著作中开出的许许多多中医药方，现在中医学者都予肯定。当时在民间的行医者，很多是看书郎中。此时此刻，我也已陷入迷惘中，所想到是学术研究的无路可走，酝酿着改行，我也是读书人，试改行习中医。有一次，与在长沙一中一年抵足而眠的老同学而今为湖南医学院医师刘里侯谈起人生时，我们都对形势的发展而忧心，他对我准备转行习中医，以为这是无奈而不得已的选择，对我个人的学业牺牲太大。他说现在迷茫无事干的时候，无法读别的书（几乎所有文史哲书都以封、资、修而禁存），把业务书中医著作读读，也许可从中找到一点安慰，将来对你健身养体有好处，也可免除当前的烦恼。我听后大为惊喜，因此，我向刘里侯老同学处借来《中医学概论》，在后他又为我提供《黄帝内经》、张仲景《伤寒论》中医经典，以及几本关于脉诀的书。从此我有充裕的时刻读书，埋首书本，聚精会神，书中有味，学得了一些中医基本知识。中医处方的秘诀我已有初步认识。有一天我去看望教研室王家泽的老婆时，得知她已患不治的绝症，再生障碍性贫血。他知我在阅读中医，随便提出是否可救呢？我也不知道，我壮着胆子开了一个药方试一试，我害怕出事，嘱咐必须得到湖南医学院医师的许可。王家泽果然把药方给医生，医生同意处方，据说吃了一个疗程。病人所得是绝症，当然无法医治。但从这件事,我自认为看书郎中并不神秘,唯一遗憾的是探脉没有临床的实践,仅仅是书本上的教条,切脉的功夫要有长期的实践,要真正做一个中医还有漫长的路要走。

我们哲学教研组教师陈竹虚,是我的老朋友,他对习医很有兴趣,他走的路与我不同,他专门寻找民间草药药方。恰巧在"文革"中,在民间掀起了一个献家传秘方的大潮,许多民间秘方印刷出版,所有的草药都有彩色原模原样的图版,十分逼真。另外,草药的用处都注明清晰。陈竹虚买了几本这样的书。受他的启发,我也收藏了好几本。我记得很清楚,其中如何治疗被蛇咬的治疗药方引起我高度的重视,在农村被蛇咬伤的事时有发生。如果掌握,可对病者行方便,草药书记载说:"有人认得半边莲,可以与蛇共枕眠",半边莲是治蛇毒的特效药。半边莲是农村田埂水边长着的一种小草,花像莲花一样,但只是莲花半边的形状。为了认准这种药,我和陈竹虚带着书本亲自到现场勘验,为此,我们几乎跑遍了附近的农村,终于得到此药。听说学习斋开水房易师傅是蛇医,我又去亲自拜访请教了,得到荞麦、三七、蛇不过等草药,都是除蛇毒的良药,但愿有一天有机会试验一次。

1973 年暑假参加农村双抢(当时年年要参加农村的双抢农活),我回到了家乡。一天下午太阳将要西沉时候,我同老伴正在菜地浇水,忽然听到有人喊刘承德被蛇咬。刘是一个盲人,年纪不过二十岁,在割牛草时被蝮蛇所咬,眼睛昏花,立不稳。我闻听之后,急忙走过去,按着草药书上的规定,把伤口用力地以清水清洗,而后用一根布带紧紧把手捆住,以防蛇毒上流危及心脏。做完后,我到田埂上拔到了一大把半边莲,以口嚼烂,糊上伤口,再把一把半边莲用水煎服让他吃。这都是无意中发生的事,我当时并未多想,想的是救人。谁知乡亲们以为我懂医道,都说得到了陈老师及时医治,不用害怕了。我当时听了很紧张,蝮蛇(又叫土蛇)是毒蛇,危及生命,我从来没有实地医治的经验,我怕出事。我吩咐伤者的家人说,在晚上生产队放广播时通知我,伤者的手是否有皱纹,意思是说,若有皱纹,说明药已起效,开始消肿,如果没有皱纹,说明手肿未消,这很危险,必须找蛇医医治。大概晚上九点钟的时候(那时生产队家家都有小广播联系),伤者的妈妈用广播通知我说,伤者红肿的手出现了皱纹。伤者神志清楚。此时,我的心落地了,半边莲发挥了神奇妙用,我答复说,明天清晨我再去看望。第二天清晨看到伤者的手红肿已消失大半,我同样把半边莲用唾液嚼烂糊上,再让他服用半边莲的药汤。如此两天,病痊愈了。想不到一个偶然的机会医好一个蛇伤者。由此,我会治蛇毒的名声流传开来,一些无钱看病的农民都来问药,如一个坐骨神经痛的农民,我尽管说不懂医,但他坚持说你看了很多药书,一定有药治。我介绍了矮地茶、水灯芯草长期作茶饮用,这种药无副作用,我不担心出事。后来这位姓邓的农民专门来我家致谢,感谢治好了他的病。我们生产队的一个姓胡的农民,专门请教我治蛇伤,我毫无保留地告诉他,还送了一个草药书给他。后来他说,按我的办法医治好了几位被蛇咬伤的患者。他称呼我为师父,似乎是他引为荣耀的事。

回忆起在"文革"没有书读的时代,心情苦闷,闲得无聊,虽然红宝书像贾宝玉通灵宝玉一样不能离,但我们不是清教徒,不能关起门来天天念经。为了打发日子,凡是与政治与思想无关的书籍都找来读。我没有发展到像一些大学者看羊牧马,但什么事我都想干,如消皮的技术我也是这期间学到的(把野兽皮清除油脂而软化其皮做衣服),如我穿多年的獾皮袄和我大哥的皮袄,都是我消的皮。

我还算幸运,年纪轻,未同我的长辈们一样遭到迫害。在"四人帮"横行的日子里,"文化大革命"打着的旗号虽是批判过时所谓封、资、修,但实际上对准的是文化人,文化人成为"文革"的对象而受到迫害,在此文化专制下,文化人把文化学术研究视为畏途,不敢涉足,为了躲避风险，有的封笔，有的改行，有的沉默，学术园地一片萧条、百花凋谢，百家噤若寒蝉、不敢发声。宁肯学术园地野草丛生，学人们也不敢去耕耘，出现了学术上少有的抛荒现象，学人们失去了自信。感到迷茫，找不到出路。但我坚信大学理工科要办，文科同样要办。最终我从迷茫中开始走出来，虽然付出了十余年徘徊的代价，但毕竟看到了圆学术梦的曙光，曙光把我重新引上了学术的征途，进入了学术研究的角色。

三、"文革"结束后的学术研究

1978年我国历史上具有里程碑意义的中共七届三中全会召开。大会像和煦的春风，苏醒了大地，给万物带来了生机与活力，又像春天的惊雷，宣示万物凋残的冬天已过去，春光灿烂而百花齐放的春天已来到。人们在欢呼，学者们为科学春天的到来而庆幸，久别的书房等待主人的到来，明净的寒窗等待书生的光顾，书案上又摆着一排学者心爱的书籍，一切都在变，似乎进入了另一个世界。

我在迷惘中惊醒过来，看到了这一切变化，像全国的学者们一样，思想上解脱了文科危险论和无用论的桎梏，面对寒窗，依偎书案，思索着我学术人生之路，期求在思想解放的大潮中，释放出自己的最大的学术能量。"文革"结束到我退休的二十年，是我学术生涯的最重要时期，虽然这在我人生中所占时间短暂，但所经历的书山觅路、学海问津的艰辛，确令我一生难忘。

解放思想是拨乱反正，正本清源，不忘历史教训，重新塑造未来，这既是党和政府一项重大的政治使命，也是学者们肩负的一项重要学术使命。1978年8月10日，是我学术生涯中最难忘的日子，在全国学术活动沉寂十余年之后，学者们久别的学坛大门重新打开，迎接四方学者会聚。我有幸应邀参加了全国的关于实践是检验真理标准的讨论会，此会由中国社会科学院召开，胡乔木主持。这是一次具有学术和政治双重意义的会议，是推动思想解放的会议。湖南有三人参加（湖南省委新湘评论主编陆魁宏、省委党校黄同志和我）。我从 1963 年后，已封笔十五年，再也没有写过学术文章，笔已生锈，思维封闭，但在会议的感召下，大胆发笔，写出了一篇《如何才是真正捍卫毛泽东思想》一文，针对"文革"流行的学习毛泽东思想不正常现象，大胆地谈了自己的看法。在"文革"时期，言必称语录，文必引语录，连打电话也要背语录，唱语录，说语录，语录满天飞，更有甚者莫过于打语录仗，"文革"中，造反派各方都用语录攻击对方，各自标榜自己是革命者，标榜自己是毛泽东思想忠诚拥护者，是非对错不分，危害极大。离开实际，离开具体问题具体分析，阉割毛泽东思想的立场、观点和方法，各取所需。我认为这不是真正捍卫毛泽东思想，而是把学习毛泽东思想引上了邪路。我本来未准备在小组会上发言，大概主持人认为我写了文章，当时第一个在《光明日报》发表《社会实践是检验真理唯一标准》的作者胡富民也在场，小组主持人安排我做了二十分钟的发言，想不到文章的内容引起了大家的兴趣，与会者对"文革"中流行的语录风做出了深刻的剖析。这是我"文革"后第一次参加学术会议的大胆发言，也是我"文革"后所写的第一篇学术文章。当时我对形势，特别是湖南形势还认识不清，心有余悸，稿子只给我的老同学同教研室邓树增看过，除交大会若干份以外，自己未保留，甚为可惜。想不到今天还有复述的机会。

参加这次旨在解放思想的真理标准讨论会，我们湖南与会的三人都受到了深刻的教育，精神为之振奋。感到我们湖南思想闭塞，我们三人同其他省同志一样，准备向湖南传达会议精神，推动湖南省真理标准的大讨论,为思想大解放做出自己的应有的贡献。但遗憾的是,我们的想法得到的是一瓢冷水。我们准备传达会议精神的计划被取消了,我到学校仅给政治理论班同学作了传达,同学们都感到振奋。真理标准的讨论在全国轰轰烈烈展开,而我省仍如前一样,闻风不动,思想沉闷。

虽然如此,但思想解放运动很快形成一股巨大的潮流而不可阻挡,1980 年以后,湖南学术界面貌一新,学术思想界很活跃,桎梏的思想的闸门被打开,思想解放释放出巨大的能量,久被尘封的历史宝库已揭开,学术禁地被冲破,文化学术园地引来了学者们的耕耘,其中我有幸参与了被禁绝半个多世纪的伦理学的建构。早在新中国成立之初,伦理学和社会学被封杀为伪科学,不许上高等学校的课堂,在学术园林亦消失。道德、人性、礼仪成禁讳辞,学者们三缄其口,著名学者冯友兰、吴晗等,主张道德可继承而遭笔伐,受到迫害。学术界以中国人民大学教授罗国杰为代表,首先勇敢地冲破了几十年的伦理研究的禁区,挑起了建构马克思主义伦理学的重任,伦理学进入了大学的课堂,开启了前所未有的人伦道德的教育,过去长期在历史上缺席的伦理学取得它的合法地位。

在罗国杰的倡导下,湖南的学者也不甘落后,勇敢地投入到马克思主义伦理学的建构中。湖南师大教授唐凯麟主动联合有关学者合作,继罗国杰之后率先在湖南开展了马克思主义伦理学的编著。原说我伏在深山(岳麓山)不出的唐凯麟,特意邀我出山与他合作,共同奠定马克思伦理学学科的工作。虽然我与很多同志一样,以前没有机会受伦理学的训练,但这是一次难得的学习机会,在学中干,在干中学,学习的过程,也是把伦理学推向学科体系建构的过程。五人合作的马克思主义伦理学分十二章,老唐分配我写两章的分量,虽然当时教学任务十分繁重,但我不敢懈怠,惜时如金,分分秒秒、日日夜夜都争取。

大家合作非常愉快,伦理学的撰著按时完成,1983 年由湖北人民出版社出版,这是继罗国杰伦理学奠定之作后的又一部在伦理学界有一定影响的教材,被相当数量的高等学校采用作教材。

紧接着 1984 年,在出版《简明马克思主义伦理学》的基础上,唐凯麟倡议进一步编著一本伦理学原理与中外伦理学于一体的《伦理学纲要》,似此史与论相结合的综合性的教材,这在全国是首部。得到大家的响应,武汉大学、中山大学的有关学者应邀参加。大家志同道合,齐心协力,形成一个坚强的学术团队,学术的堡垒很快被攻破,仅仅两年多的时间,著作问世,1985 年由湖南人民出版社出版。“文革”结束的几年时间,在荒芜的伦理学园地很快绽开了耀眼的伦理学之花,这样的速度,连续出现这样的成果,不要说“文革”时无法想象,即是在五六十年代也难以得见。这是改革开放时代大气候催生的结果,也是受思想解放释放出巨大能量所驱动。表面上看以上学术研究似乎很平常,但在“文革”时受重压的学者敢于涉足学术禁区,敢于为污名化的伦理学正名,敢于白手起家参与建构马克思主义伦理学体系,这表现了学者们的无畏和勇气。我在“文革”中徘徊十余年的学术迷惘终于向前跨进了一大步,开始了我后半生的学术研究的征程,这虽是后半生的学术征途踏上的第一步,但接下第二步、第三步,至今学术研究一直在路上。

在此时间常常引起我怀念的是,我与唐凯麟、曾钊新结成了深厚的情谊,成为我几十年的挚友,无论在学术还是工作和生活上,互相关心,相互支持。在学术观点上我和唐凯麟对曾钊新人性论存有歧见,但并不影响我们的合作和我们之间的信任度。但研究各有自己的研究方向,我较专于中伦史,特别是儒家伦理思想研究。同时,还有书院文化、湖湘文化重要研究方向,唐、曾二位更多地倾注伦理学原理以及道德心理学的研究。虽然如此,学术界仍把我们看成一体,伦理学界流传着湖南有“三家”的佳话。

“文革”结束,给我带来了学术上宽松的政治环境,多年来压抑在学人头上的政治空气消散,虽然科学春天对我近半百的人说迟到了一些,但毕竟有幸赶上时候了。为了抢回以前失去的时光,我加倍地努力。20 世纪 80 年代我担负的教学任务很繁重,不同内容的课要上,担任物理、化学两系的哲学课,又担负我校的新开办的政治理论班哲学专业的中国哲学史课,除此以外,马克思主义伦理学也正在赶写中。这三项任务都必须完成,为此夜以继日,书案为伴,挑灯持守。仅仅为开新课写中国哲学史讲稿六叠,达半尺多厚。过分透支,已感体力不支,哲学专业的学生少,课堂也小,不得已,我常常坐着上课,幸而得到同学们的谅解。我们哲学组的朱淑波和蔡秀琴出于友谊,为了减轻我的工作压力,不请而主动帮助我抄写稿子,想不到的是,这受到当时马列主义教研室主任的批评与指责。虽然这两位老师认为他们是完全出于同志之间帮助,对这位主任的刁难进行了抵制。我对这两位老师的无私帮助很感激,同时也对这位主任的行为十分不解。我只能从这位主任一贯的政治课教师只能专守教师职责的僵化思维予以解释。由此我也领悟到,宽松的政治环境为学者们耕耘学术园地开辟了通道,但这并不意味着通道平坦而无波折,征途上的重重山峰、前进路上的一个又一个堡垒,都需要学者们付出百倍的努力,不倦地攀登和攻克。

“文革”结束后的岁月,从 1979 年直到我退休之后的二十余年,是我一生最重要的学术研究时期,也是我学术上重要的收获期,有成就感的喜悦,更有艰辛的体验。人们都知道,学术研究的灵魂在创新,创新贯穿于学术研究的全过程,是一个不断攀登学术高峰和攻克学术堡垒的艰辛过程。我几十年从事的中伦史、书院文化、中国思想史、中国古代文明路径与中国文化的研究,便是这样走过来的。我在书院工作,书院的研究首当其冲。肇始于唐而兴盛于宋的书院,是中国古代的特殊的教育制度,它虽在古代大放异彩,但清末之后沉寂近百年,几乎无人问津。随着改革开放的到来,出现了我国文化的复兴,20 世纪 80 年代,被历史尘封的书院宝库被打开,推上了学坛,但开始时,学者心目中,这仍是一个新课题,只有少数从事中国教育史的学者涉足,其他从事思想文化、社会史研究的几乎无人参与,书院研究的视野具有很大的局限性。书院研究限定在狭小的教育史的框架内。诸如书院的文化、学术、教化等功能少有涉及。但历史发展表明,书院不仅是古代中国人才培养的重要基地,又是学术研究的重镇,是儒家文化研发的中心,又是藏书与图书出版及教化的重要场所,书院聚多功能于一身。毫无疑义,书院必须置于一个文化大背景下进行研究。我经过反复地思考和研究,以多维的视角对书院历史认真审视,终于取得了突破。大胆地首先提出书院文化和书院学的概念,在《宋代书院与宋代文化下移》《书院教育理念及人文精神》及《中国书院制度研究》等论文和专著中进行了系统的阐述,引起了学者们的关注,书院文化、书院学的概念得到了学者的认同和接受,并认为这是书院研究中的突破,开创了书院研究的一个新的局面,基于岳麓书院邓洪波等出版了一批具有书院研究新意的著作,岳麓书院文化研究所也就成为学界公认的书院研究中心和资料中心。

岳麓书院之所以成为湖南省确立的湖湘文化基地,也在于湖湘文化研究上有新的突破。20 世纪 80 年代,湖南学者展开了湖南文化属性的大讨论,众说纷纭,主张湖南文化是楚文化有之,主张湖南文化是荆楚文化亦有之,还有把湖南文化作为湘楚文化者,不一而足,聚讼不决,但有一点是共同点,即是不承认湖湘文化是湖南地域文化的表现形态。对这场争论,经过我对岳麓书院历史的追踪,特别是对南宋湖湘学派学术思想的研究,我得出一个结论,楚文化虽是湖湘文化的母体,但它从南宋开始已从母体裂变为一种新型文化形态即湖湘文化,自此以后,湖湘文化真正成为湖南地域的文化形态。湖南由楚文化向新型的湖湘文化的质的飞跃的理论标志,乃在于南宋时期在理学中形成了独树一帜以性为本体的湖湘学派的哲学体系,此体系奠定了湖南文化的理论基础,如同新中国有了马克思主义哲学体系即辩证唯物主义与历史唯物主义以后,才有社会主义文化一样,湖湘学派哲学体系形成以后,才有湖湘文化,湖湘文化是性本体哲学体系辐射而形成。在南宋以前,湖南之所以受楚文化的支配,就在于湖南本身没有真正的独立的哲学体系,因此,湖南只能受老庄哲学支配的楚文化的统治,构不成独立的湖南地域的文化形态,湖湘文化只能是楚文化的一部分。由此,我进一步提出从时间而言,湖湘文化体系形成于南宋时期,空间上限于湖南地域。这些在《岳麓书院名人传》《张栻与湖湘学派研究》等著作以及关于多篇湖湘文化的论文中阐述的观点,得到了学界的公认,大家都认同湖湘文化是湖南地域的文化表现形态,始于南宋时期,流传近千年。由此湖湘文化成为岳麓书院学术研究的一大特色。

长期以来,中伦史研究的学者,都为古代中国社会出现不同于西方古代的特殊现象在认真思考,为什么忠和孝始终是中国古代社会最基本的道德原则,最基本的道德规范?为什么忠与孝又是古代中国社会的最基本的政治原则,政治和道德相重叠(如汉以孝治天下)?为什么忠、孝、仁、义、礼、智、信始终是几千年古代中国社会核心价值?为什么古代中国构成的最基本的社会关系是君臣、父子、夫妇、兄弟、朋友“五伦”关系?如此等等,使人感到疑惑,人们都在思考,企图解惑,但大多停留在历史表面现象的描述,究竟这些问题与中国古代社会所走的特殊路径有何联系,并未究及,或者说未深究。我也一样,当初我犹在云山雾罩中,找不到合理的解释。20 世纪 80 年代初一个偶然机会，拜读了侯先生晚年所写《韧的追求》，仔细介绍了19世纪亚细亚生产方式的国际学术界争论情形，侯先生发表了中国文明特殊路径说，使我眼前一亮，思想豁然开朗，受到极大的启发，找到了打开中国历史秘密的一把金钥匙。侯先生认为古代中国由前文明社会过渡到文明社会（奴隶社会），所走的是与希腊、罗马两条不同的路径，"古典的古代"（希腊、罗马）是"从家族到私产再到国家，国家代替了家庭，而亚细亚的古代（主要指中国、印度）则是从家族到国家，国家混合在家族里面，就是所谓社稷"。这二者的根本区别是，前者即"古典的古代"打碎了原始社会的血缘家族关系，国家是在排除血缘家族关系的基础上建立起来的，而古代中国则与此相反，原始社会的血缘家族关系不仅未打破和粉碎，恰恰相反，却保留了血缘关系并在此基础上建立国家，国在家中，家国同构。所走的特殊文明起源路径不同，决定不同的文化形态，中国古代文明所表现的不同于西方世界的不同形态，乃是古代中国所走的特殊的文明路径决定的，几千年古代中国产生不同于西方的异彩纷呈的特殊现象，在此文明路径中可找到始初发生的根源，找到合理的解释。

我从中国古代文明路径寻求中国文化发展的"思想路线图"是以1983年开始。1983年，全国伦理学会和中国社会科学院哲学所在北京密云水库召开中伦史座谈会，我在会上发言中，提出以侯先生的中国古代文明特殊路径说，对中伦史面临的一些基本问题做出阐述，虽然发言肤浅，但引起了与会者的注意，应有些同志的要求，我对侯先生的亚细亚生产方式作了介绍。我感悟到，中国古代社会发生不同于西方的文化现象，只能从中国古代文明特殊路径寻找其根，世界文明的多元性，也只能从各自的文明起源的差异探求。中伦史研究中我许多收获即是从此研究中获得。如我发表的《论中国古代伦理思想三大特征》即是从《中国文明起源特殊路径》中寻求所得到的答案，这篇论文对中伦史研究中遇到的疑惑与难点都做出了回答，指出中国古代伦理与宗法关系的结合，政治与伦理相融，伦理与哲学一体，都可从古代中国文明起源中找到合理的解释，都可找到中国文明发展的路线图。有的同志说，此文发表虽在20世纪80年代，文中所概括的古代伦理三大特征，至今仍推移不动，“不是经典的经典”，对此评价可能是溢美之词，但我认为从中国古代文明起源的特殊路径得出的判断和结论，的确是经得起历史考验的。

再如我发表的《古代中国路径中的君子世界》，许多历史秘密得到了揭示。为什么中国古代不像西方世界崇拜上帝，而崇拜的是圣人？为什么古代重视人生论、道德论、政治论，中国文化具有泛道德主义倾向？为什么古代哲人具有的是贤人气象，而不是西方哲者的智者作风？如此等等，我从中国文明的特殊路径中似乎都找到了破解。又如我发表的《中国文明起源的特殊路径与中国古代民本思想》一文，也破解了以下问题，为什么在前文明过渡文明奴隶社会，古籍《尚书》提出“以民为邦本，本固邦宁”的古训？为什么等级特权的社会，重视以民为邦本，重视民众的力量，甚至做出了民为贵、社稷次之、君为轻与等级特权社会统治秩完全颠倒的结论呢？为什么在中国古代社会中，始终把敬民、重民、爱民作为重要的政治统治原则，除了少数的独夫民贼以外，统治者自觉不自觉把争取民心作为其政治信条。如此等等，我以为自己在文章中做出了系统的解答。有的学者发表评论说，我的中伦史研究具有思想与社会互动、历史与逻辑统一的侯外庐学派的风格。是否真的做到这点，这很难说，但说我研究上迈出了重要的一步，并且已尽心尽力，这倒是事实。

回顾几十年的学术研究，一点一滴的成就无一不是经历了艰辛，以呕心沥血形容这并不为过。付出与收获二者之间，付出往往大于收获，甚至大于收获数十倍。从我多年的研究中认识到，学术研究得力于压力,没有压力就没有动力,如何把学术置于备受压力的情境,这至关重要。来自外部的压力,虽说也是压力,但并不是真正的压力,自我加压的压力才是真正的压力。外部的压力如果离开对自己的加压,动力不能支持而枯竭,或是碰壁而退却,主动给自己学术研究加压,却有不竭的动力。我在学术耕耘中自觉地给自己加压,其中给自己学术目标上加压,规定学术上必须达到一个目标,逼使自己去攀登和攻克,逼使自己不偷闲和懈怠。这个目标虽没有向任何人说及,但在我心中时刻地警示着自己,暗地在用力,保证学术成果五十年即半个世纪不落后,处在学术研究的前沿,专著必须有自己开拓的新的学术园地,不能在别人领地踏步不前。这个目标是否达到,这有待于学界同仁的评论,但我确是给自己学术研究上安上了一个加压器,提醒我,警示着我。

多年的学术研究,我深深体会到,给自己学术研究上加压的作用是极其明显的。学术中迸发出的灵感和发出的思想闪光,就是在这种加压引起的反弹中爆发的。我自以为得意且被学术界关注的几篇论文即是在给自己加压中产生的。《论中国古代伦理思想三大特征》,其思想曾在1983年全国中伦史座谈会提出,当初中国社科院历史研究所思想研究室主任黄宣民力促我写成文章,但我考虑到文章涉及几千年古代社会文化史的内容,不敢动笔。黄宣民却表态说与我合作,我欣然应允。列入了我研究的计划。经过努力,我完成伦理的哲学化、哲学伦理化的一部分内容,但黄宣民迟迟未动手,我感到研究有难度,要付出极大的精力,我退缩了,只把我完成的部分单独以《孔子与命与仁初探》发表在《道德与文明》杂志,余下的部分不想再续写了。1984年北京开会,黄宣民问我文章写得怎么样了,我当即质问他久不动手执笔,我写完一部分已交出发表了。他听后很惋惜,这么好的想法为什么不写成文章呢?光停留在口头上说,这不算真正的发表,对学术发展起不到推动作用。他认为文章我早有腹稿,写起来一定不难。建议我会后留在北京,住在他的家里,他做我的后勤保障,让我专精一思地写文章。黄宣民是我的老朋友,他忠诚的劝说,我无法推脱,暗地给我自己加压,三天三夜,伏案专精一思,笔走龙蛇,势如破竹,一气呵成。第四天,黄宣民陪我下楼,看电影、洗澡和理发。黄宣民看到文章后,十分惊叹,想不到几天之内写出如此高质量的文章,特别是脑子中储藏的资料应时准确倒出,简直不可思议。我要感谢黄宣民对我所逼,没有他的催逼,我不会对自己加压,也许这篇文章永远出不来。至今,我想不出当时为什么爆发出如此大的能量,唯一所感是当时一直处在兴奋状态,兴奋出文章,不进入兴奋状态写不出文章,兴奋这大概是自我加压下释放出的能量,引发了灵感和思想闪光。文章发表后,《新华文摘》全文转载,当年《中国哲学年鉴》作了推介。《中国古代伦理思想三大特征》至今仍被有的学者认定为中伦史推移不动的成果。

给自己加压出成果,这是我在学术研究中的深切的体念。凡是称得上的研究成果都是在加压下取得的。如近几年发表颇有影响的《中国古代文明起源的特殊的路径与中国古代民本思想》一文,也是在给自己加压下完成的。对于中国古代民本思想的研究酝酿多年,最近几年,我全心全意撰著明代理学伦理思想研究,以期结束延续多年的宋、元、明三部理学伦理思想研究,不想他顾。但时逢清明皇帝祭祀之年,应陕西省政府之邀与会。我考虑到自己不能空手到会,总要拿出一点像样的文章献给大会。在此情形下,我只得放下明代理学的著述,以十天左右的时间把我酝酿已久的中国古代民本思想成文。因为有此压力,所以文章一气呵成。想不到文章引起了学界的反响,纪念论文集收录之后,《华夏文化》全文转载,《求是》杂志下的《红旗文稿》全文转载,《光明日报》国学版、《北京文化报》也部分发表。这是我未预料的,这也可看作是高压下释放的能力。另外,诸如曾引起学术界关注的《从社会的层次性看道德的共同点》也是如此。此文由于突破了道德继承问题阶级分析的壁垒,指出阶级性只是道德属性的一个方面,道德还具有共同性的重要方面,存在着道德的共同点。文章发表后,受到读者来信(主要是青年学者一批来信)的称许,《中国哲学年鉴》收录并做了重点推介,在国内有的杂志也作摘要介绍。虽然在以后的所谓反精神污染中,被湖大一个教师斥为反动阶级分析,宣传共同道德,企图批判,但很快被众多学者抵制而告吹。

在研究中我也感到,给自己出难题,在学术征途中寻找堡垒攻击,这也是给自己加压的一种重要方式。起点高,难度大,这就等于给自己加压。南宋时期著名理学家张栻在历史上尘封达几个世纪,无人探究,20 世纪 80 年代我的恩师侯外庐主编的《宋明理学史》第一次列入宋代著名理学家的行列,但对张栻理学思想所涉及的只是一个很小的局部,对其思想体系却未及,似被朱熹及南宋理学家推许的思想家张栻,又是湖湘文化重要创始者,不能被历史湮灭,应该还原其历史面貌。我是岳麓书院负责人,选择张栻作选题,即使是研究的难点,也责无旁贷。我身边既缺材料,又少有研究成果参照,近似于学术荒地开拓。为了找到张栻的著作之一《南轩易说》,到北京中国图书馆、北大图书馆、湖南省图书馆查找,终在中国社会科学院历史所图书馆改革后从台湾购置的藏书找到,力所能及地对张栻的哲学、伦理、政治、教育诸多方面作了全面研究,可说这是历史上第一部关于张栻的思想研究,也是第一次对以张栻为代表的湖湘学派的研究,填补了理学研究中的一个空白。又如与邓洪波合著的《中国书院制度研究》和朱汉民主编的《中国德育思想研究》等,之所以引起学术界的关注,其中重要一点是起点高,难度大,凸显了创新精神,表现了侯外庐学派坚持思想与社会互动、历史与逻辑统一的风格。

二十余年,虽是历史的一瞬间,但对我来说是人生的最具意义的岁月,教学且不说,在学术研究上,是我从学术征途上十余年的迷茫走出来而进入到科学的春天。虽曾一时身体难以支撑,但最终还是挺过来了,抢回了“文革”动乱而失去部分时间,多年追求的学术梦,终在我退休前得以梦圆,这是时代的恩赐,但我的学术生命到此并没有结束,随着退休的来到,我又进入了另一个学术生命期。

四、退休后的学术研究

一般来说,退休后应安享晚年。每一个人忙碌一生后,都希望有一个安逸的晚年,补偿一生的劳累,身体需要一个修整期,以达到延年益寿,尽享天伦之乐。不少人为自己设计一个生活快乐的晚年计划,“不怕青壮年劳苦,只怕晚年穷困难熬”,这是老年人的一般心态,享受是幸福,“夕阳好,但近黄昏”,老年人最担心的是身体健康,追求百年不老,晚年安度。

但我们这一代读书人不一样,想到自己人生,似乎很短暂,动乱的年代,时光虚度,学业荒芜,不堪回首。虽赶上了科学的春天,但时光短暂,留有遗憾,晚年安逸清闲生活虽好,但填补和挽回不了已失去的时光。我对自己的晚年也有一个规划和设想,用一句时髦的话说,想在晚年发出余热余光,争取延长学术生命,延长学术生命意味着抢回失去的一部分时间,不但不能清闲安逸,更需要自己的更大的付出,争取延长学术生命,这也是人生晚年另一种生活方式,是达到完满人生的生活方式。

2001 年,我年届六十五,刚退下来,学校聘我担任全校人文素质教育顾问,在两年多的时间参加了策划学校人文素质教育计划,并亲自担负了讲课的任务,参与两部人文素质教材的编著,日子过得充实。

但我20世纪80年代得到恩师侯外庐先生首肯的宋明理学伦理思想研究尚未启动,无法向九泉之下的老师交代,也无法向当年支持我的学术界朋友交代,这个被列入国家社科基金虽已结题,但毕竟不是原来设想的目标。我觉得自己应该回到自己的学术研究岗位,年岁不饶人,争分夺秒,全身心地投入到宋明理学伦理思想研究。

开始时,我也听到不同的议论,"退休退休,乃在休",坚持工作不谓其休,这是自讨苦吃。有的则议论,这是不甘寂寞,退休之后想得经济上的回报。对退休之后坚持学术研究,很多人表示不理解。但也有不少人给予鼓励和肯定,认为一辈子耕耘学术,有学术的积累,利用晚年加以整理和总结,这是很有意义的事。我的学生和学术界朋友以及所在工作单位,都支持我这样做,并表示让年轻人参与工作。我考虑到年轻人每年都有工作考核,限期出成果,而我则不一样,没有考核的限制,听其自由,成果早出和晚出无所谓。我怕年轻人受到拖累,宋明理学伦理思想研究除了明代理学一章之外,全部自己独立完成。

2003年,我退休后进入到我人生的学术研究另一个重要时期。宋明理学在20世纪80年代以后,进入了研究的热潮,论著时有问世,但基本上都从哲学立论,宋明理学伦理思想虽也有涉及者,但系统地研究宋明理学伦理思想的专著尚是空白。以伦理为本位,这是中国文化特别是儒家文化的特色,是中国文化法先王和圣人崇拜所反映的泛道德主义倾向的突出表现。作为新儒学形态的理学,或者说作为儒学变革后的发展新阶段的理学尤其如此。宋明理学伦理思想研究,对我来说可谓是全新的研究,遇到的难点不少,宋明理学伦理思想的理论系统和概念系统是什么?宋明理学创立、发展和演变延续了好几个世纪,历经宋、元、明三个朝代,各个朝代所具的理学形态和特点是什么?每个朝代讨论的中心问题是什么等,这都有待于新的探索。在著作方式上,如何把习惯于人头排队与综合性专题结合,把个案的研究与具理学家群体性的研究相结合,这都是理学研究中的新课题。这些问题,始终回萦我脑际,贯穿于理学研究的始终,可谓耗尽了我的心血。

经过四年的研究,一部四十余万字的宋代理学伦理思想研究脱稿。但考虑到年届七旬,万一身体不支,犹恐难续,留下残编,故宋代完成部分先以《宋代理学伦理思想研究》出版,给学界一个交代,如果身体准许,再续写元代部分。

《宋代理学伦理思想研究》无论是理论构成框架,或宋代理学家讨论的基本问题,或是宋代理学的时代特征,或是在引文材料的通俗解读上我都做出了大胆的尝试。我认为宋代理学体现一个"新"字,告别汉唐以来八百余年的传注儒学,代之以义理诠释,学风为之一变,更重要的是实现古代儒家人伦道德的回归,由单纯的政治学向人学回归,儒能治国,又能治心,治国的外用功能和治心的内用功能双重起效,使工具性的儒学与学理性儒学达到了统一。著作出版后,总算理学中有了一部系统而专门的理学伦理思想专著问世。《道德与文明》《伦理学研究》等杂志,先后发文评论,如评价说"尽三十年心力之精品力作"(《道德与文明》2007 年第 7 期),有的评论说:"独辟蹊径之精品力作"(《湖大学报》(社科)第二卷)。还有的评论说:"一部理学研究的创新之作"(《伦理学研究》2007 年第 3 期)。

《宋代理学伦理思想研究》作为一部断代伦理史,前后达四个年头。这四年,对我来说老伴身患绝症,辗转反侧,其痛苦难以言状。老伴虽是一位普通的家妇,但她却为我的学术事业贡献了她的一生,做出了极大的牺牲,她在重病中,仍心挂着我的研究工作,面对她病魔的折磨,我无法分担,十分难过,尽管我研究工作十分繁重,也要抽出时间陪护,起初的一年,我为给老伴精神上的安慰,晚上陪她入睡,每夜为了倒水,给她吃止痛药(骨癌十分疼痛),起床几次。这种精神上的安慰。保姆代替不了的。老伴生怕拖累我的身体,坚持要保姆与她合床照顾。三年多来,我虽经历了不少不眠之夜,给我研究工作带来了困难和压力,但她与病魔抗争的精神,也给了我克服困难的巨大毅力,此著述便成为我向她的一种报答。由此,我产生完成书稿的决心,书稿终于在老伴仙逝以后三个月完成,她已驾鹤西去,无法看到书稿,如若有灵,在九泉之下,她一定得知。拙作成于艰难的岁月,留有泪痕,记录了我们将要分手的难熬的岁月,记录了我退休后学术研究最艰难而永远值得怀念的日子。

老伴的离世给我带来巨大的伤痛,当初我从外回到家中,见不到家庭的主人,孤寂心慌,不敢入室,有时像离群的孤雁,独自徘徊在岳麓山的山林,晚上,像失林之鸟,入夜难眠,自伴残月待天明。我的学生和朋友都担心我能否挺过这悲痛关,给我极大的安慰。在书院攻读博士的吴国荣同学本来不是我门下的学生,由于他平时与我多有学术的切磋,对我的不幸极表同情,建议我换换环境,到外面走走。在他的精心安排下,在肖巍和方芬同学陪同下到厦门休假。在厦门的日子,吴国荣作为一个公司的老总,几乎日夜陪伴,想方设法转移我的目标,把我引到浩瀚的海洋,把我引到海中名岛鼓浪屿,把我引到历史先贤抗击倭寇的对海炮台……我进入到另一个天地,听到的是海浪拍岸的吼声,闻到的是普陀山寺庙吹来香火的清香,还有肖巍和方芬二同学的亲切交谈,这些都把我带入到温暖而充满生活激情的境界。我从悲痛中振作了,向往着生活的快乐,吹散了笼罩在我身的悲痛的阴云。感谢吴国荣博士,我终于从失去亲人的悲痛中走出来。

从厦门回到学校以后,我不仅未从悲痛中倒下,而且变得更坚强了。我不能倒下,还有元、明二代理学研究尚待完成,研究任务更繁重。为了以后的学术研究,必须过有规律的生活,必须加强锻炼。我给自己规定一个合理的工作作息时间,上午九点到十一点半,是我写作的时间,午饭前半个小时读报。中午午休。下午两点半到四点半是写作时间,四点半到六点,到岳麓山散步与活动。晚上看电视,《晚间新闻》后入睡。天天如此,晴雨如此,四季如此,推移不动。我的身体大有好转,在老伴去世的第二年即2004年,我又开始了元代理学研究。史学家长期存在着一种惯性思维,认为元代少数民族蒙古族是凭着武力建立了横跨欧亚的大帝国,尚武功,轻文治,除在文学艺术上受学界重视以外,其他思想文化的研究几乎是空白。中国哲学史或者思想史的教科书中,元代是空白,也许是为了说明中国历史的连续性,有时也以极少的篇幅作附带式地提涉。没有专门的元代哲学史,也没有专门的元代理学史,我的恩师侯外庐的《宋明理学史》虽在学术上第一次于理学研究中有四章的篇幅论述,但终究未有专门的元代理学专著。对元代理学伦理思想研究,需要在学术园地开疆拓土,研究具有很大的难度。资料上需要挖掘,理学的理论框架需要建构,作为一代理学发展形态所表现的时代特征,需要寻找和发现,筚路蓝缕以启山林,元代理学研究,充满了创业中的辛苦。

一分耕耘,有一分收获,经过将近三年的潜心研究,元代理学研究终得到了突破。元代虽是少数民族蒙古族取代了汉族的统治,但蒙古族是中华民族的一员,对于以儒家学说为主体的中国传统文化,不但未离弃,而且在继承的基础上把它推进到了一个新的发展阶段,表现出时代性的鲜明特征。元代不是简单地对宋代理学的复制,而是把宋理学从书斋中推向通俗化和普及化的发展的新阶段。儒学不像宋代一样,只限于中原地区传承,随着南北统一大帝国的建立,儒学传播于中华的神州大地,儒学正式成为中华民族共同建设的精神家园,如此把儒学普及化到全中国以及所有民族,这可谓是对元代儒学发展具有里程碑的意义,理学成为我们民族的心理构成,生活方式习俗可谓由此开辟了一个时代。

为了适应儒学在全国和全民族的普及化,元代理学家对儒家经典

《四书》做出了极其通俗化的解读，出现了一批通俗的《四书》解读本，即使与今日出版的白话译本的《四书》相比也毫不逊色。更值得一提的是，元代在道德教化上取得前所未有的成就。对流转中国几千年的民间孝子故事，进行挖掘筛选和整理，编辑出版了脍炙人口的《二十四孝》，广泛在民间传播，既有故事情节，又有画图标示，还附有诗词评论，好似今日的小人书连环画，广泛传播，收到极好的教化效果。元代理学家把理学及伦理原则转换成戏曲形式，搬上舞台，以喜闻乐见的元曲形式向民族进行教化。几年来的研究，一本具有“化”即通俗化和普遍化时代特色的理学伦理思想的学术专著即将问世，我心中充满了成就感。

但正是这个时刻，我家最不幸的事又发生了。2008 年，是我们国家最不幸的一年，发生了汶川地震，天崩地陷，葬送了无数无辜的生命，祖国处在一片悲痛中，那年年初还出现了难熬的大冰雪。我的儿子陈光亚突发脑梗而死，本想春节车从广东开回家过年，但想不到一病不起，经多方医治无效，四十刚过，可贵年华不再，艰难地与亲人撒手离世。几年中接连失去了两位亲人，心中难以言状地悲痛。常言道：“少怕失父，老怕失子。”面对白发人送黑发人，最坚强的人也难以承受。此时此刻，我只有另找一种精神寄托，从悲痛中走出来，这就是全身心地投入学术研究，从学术中寻找寄托。学术生命是我的第二生命，珍惜学术使我摆脱伤痛，振作精神，度过了艰难难熬的岁月，元代理学伦理思想终如期在 2009 年出版，填补了中国学术史研究的空白。著作出版后，伦理学著名刊物《道德与文明》和《伦理学研究》连续发表书评。有的评价这是“一部填补元代理学伦理思想空白的力作”（《道德与文明》2010 年第 4 期），有的评论说：“通俗化和普遍化”，这是元代理学论伦理思想研究新视角（《伦理学研究》2012 年第 1 期），有的还以“辨章学术，考镜源流”为题，评论这是一部创新的力作（《湖大学报》2010 年第 4 期)。学者们综合几十年中伦理研究成果,也把这部著作看作是填补元代理学伦理思想空白的力作。面对学术界的好评与鼓励,我得到的不是满足,而是鞭策,这是给我继续作完宋明理学伦理思想研究第三部即明代理学极大的支持,在学术界朋友和我所在单位的支持下,紧接着即在 2010 年开始了关于明代理学伦理思想撰著。

明代理学伦理思想仍面临着诸多研究上的难题。理学作为明一代和主流的理论形态,它表现的理论形式是什么?表现出何时代性的特征,从宋开始的理学到明代是如何演变的呢?明代理学又如何从理学的高峰和成熟走向衰败的呢?等等,这些是基本的理论问题,关系到明代理学伦理思想框架构成,也关系到明代理学发展的思想路线图的确立。对此,前人与时贤似乎从总体上少有涉及,除了思想家个案研究以外,还需要做整体上的把握,只满足于理学家个案的研究,所看到的只是树木,只有把个案与整体思潮把握结合,所看到的才是森林。

提出问题往往是回答的第一步,我正是从上述疑惑的问题中展开对明代理学的大胆研究,并从中提出自己尝试性的解答。我认为思想与社会是互动的,社会的变化必然引起思想变动。思想史并不是思想家的历史,归根到底社会是思想发展与演变的根本。宋代理学时代特征表现一个"新"字,实现儒学由单纯治国的政治学向治心的人学的回归,突显了儒学的革新精神。元代理学则因应南北对峙结束和中华神州的统一,体现了一个"化"字,实现了儒学的普及化和通俗化。通俗化和普及化的儒学,是元代理学的显著时代特征。明代又进入到了一个新的历史时代。其特征可用一个"变"字概括,"变"始终贯穿于明代理学发展的过程,由明代朱学的统治,至明代中叶改变了他的理论形式,王学得以崛起,颠覆了朱学的统治,王学成为理学的主流形态。随之又出现了王学的分化,"变"不仅使王学走上衰败,"变"也导致了王学向近代社会的转型。明代许多大理学家，在时代变动下，也处在不断的变动中。宋濂思想三变、王阳明思想三变，刘宗周思想三变、黄宗羲思想三变，等等，都体现了一个“变”字。离开“变”，既无法从总体上把握明代理学伦理思想的发展过程和全貌，也很难把握个体理学家思想的形成与变化。经过几年的研究，对明代理学伦理思想发展大体有了一个清新的思路，展开了著述，艰辛的付出，终有回报，至2014年，一部四十余万字的明代理学伦理思想研究将完稿。

也许是紧张的脑力劳动付出能量太大，也许我不经心和不注意，在即将完成明代理学时刻，还是没有逃过病魔的骚扰。得胃炎、发高热，被迫住院。人们都说，老人与小孩得胃炎都是难过的一关。我很幸运，治愈康复了。但想不到脸上一个小肿瘤，经历前后四次手术，虽手术不大，但对身体损伤很大。由于几个月都处在治疗中，著述停止，眼看原定的脱稿计划不能按时完成，心里很着急，强作精神，抱病写了近六万字文稿，本著作终在2014年度8月完成。20世纪80年代开始酝酿，到2011年起笔著述，至2014年完成，宋明理学研究前后经历了三十余年，仅写作时间就达十四年之久。国家社科基金项目总算得已完成。兑现了我的诺言，从2001年退休到2014年，这十余年，是我晚年的重要学术研究时期，完成了宋、元、明三部理学著作，发表了四十一篇论文，参加了不少的全国性的学术活动，抢回了动乱年月失去的一部分时间。晚年虽接连失去了两位亲人，但我在学术研究中得到了补偿，我没有倒下，晚年生活过得充实而有意义。虽是夕阳，但夕阳犹红，并未到黄昏。晚年的学术研究中，最使我兴奋的是，在学术上我首次把研究准心对准了中国古代文明起源特殊路径，似乎不知老之将至，奋力寻找中国文明之根、中国文明之源，从中国几千年所呈现的独有的政治与文化现象以及中国社会发展特色，从古代中国文明起源特殊路径找到了它发生的初始的根源，发表了多篇论文，引起了学界的高度关注，这是夕阳光照释放出的能量，我虽已年高，但思想还未僵化，还有定力，虽是余热，自感仍有一定的热度。

明代理学伦理思想研究出版后，我的学生和学术界朋友，都以为我思想未老，劝我不要封笔，要求把我一生所积累的想法都写出来，“脑子里积累的所见不倒出来，这非常可惜”。有的学生劝我延续中国古代文明起源特殊路径的研究，有的要求把理学研究延续到清代，完成宋、元、明、清的系统理学研究。有的则主张把我一生中的经历，我们这一代知识分子特殊的阅历留给后学有意义。对学生们这些要求和劝告，我受到莫大的鼓舞，我确实感到学术上仍有新的想法，但力不从心。多数同学要求把我一生的经历的写作摆在首位，都有所期待，因此，从 2014 年，我开始了题为“岁月流痕——一个知识分子的一生”的著述。我一辈子从事的学术研究，写学术文章似乎驾轻就熟，但赋予有感情色彩的人生经历的记述，对我是一个考验，是一种难以适应的领域。

质量如何，并无把握，我计划在 2015 年完成文稿。以后的日子如何过，尚无安排。毕竟岁月不饶人，人的生命只属于人一次。2015 年以后是否还在学术的路上，只能听天由命，这不是宿命论，人生总有一个尽头。

总括几十年，虽然一生中经历了漫长的不平坦的道路，但后半生终与科学春天相伴，前半生的丧失得到一定的补偿，在学术上做了一些事情，著述计有 17 部（含合著），论文 103 篇。主要有：《岳麓书院名人传》《张栻与湖湘学派研究》《湖湘学派源流》《儒家伦理哲学》《中国德育思想研究》《中国书院制度研究》《中国书院史资料》（上、中、下卷）《社会理想志》《中国书院辞典》《书院文化论集》《宋代理学伦理思想研究》《元代理学伦理思想研究》《明代理学伦理思想研究》《马克思主义伦理学》《伦理学纲要》《中国古代文化思想史论集》《岁月留痕——一个知识分子的一生》等。

第六章　工作记

按照我人生流年,可分三个时期:七岁以前,是孩提时期,七岁至1959年是求学时期。从1959年至2001年是工作时期。2001年退休至今是后工作时期。工作时期有六十年,占了我人生的绝大部分年月。我是一个很平凡的教师和学者,不出彩的人生是在教师和学术的岗位度过。

教师是一个很光荣的职业,他是文明火种的传播者,是文明的火炬手。教师历来受到尊重,孔子被称为至圣先师,重视教育和教师,世界上只有中华民族和犹太民族。自古以来在七十二行中,教师一直被视为崇高的事业。古人说:"集天下英才而教之,何乐不为。"培养和教育人的子弟,这是人生中的幸事。无怪乎我母亲千叮咛万嘱咐我当一名好教师。时代给了我当教师的机会。

一、在政治理论课教师岗位上

1959年大学毕业,虽然被分配至湖南大学任教,但仅仅在学校住了一个月,随即去北京中国科学院历史研究所学习,整整三年,仍然是个学生。1962 年从北京回到湖南大学,我正式走上了教学岗位,成为一名大学教师。

1962 年,由湖南大学管属的文、理、工综合大学,划归国家机械工业部管辖,为了与机械行业对口,刚刚组建四年的文、理科下马。湖南大学成为一所工科大学。马列主义的教育成为学校唯一的文科的教学。对学习历史专业的我,意味着将要改变专业,从事马列主义理论教学。

起初,我很不情愿,回想自己以往,在中学,甚至小学时代就对历史文化发生了兴趣,直到大学以此为专业,苦读寒窗,多年灯火辛勤,特别大学毕业后跟侯外庐大师学习,更是对历史文化着了迷,并已走上了历史文化研究的学术之路,初试牛刀,发表了几篇论文。马克思主义我曾接触过,并对有的哲学经典著作曾在北京学习阶段专门阅读,但终究不是我的专业。一旦要我搁置自己衷情热爱的专业,在我思想上很不情愿。在当时的环境下,我无法做出其他选择,极为苦恼。恰好这时,武大的老同学知道这事,他与武大校领导联系,武大新建立的政治系正缺中国政治思想史的教师,武大副书记兼政治系主任张焕潮听说我曾在北京历史所跟随侯外庐学习中国思想史,亲笔来信调我去武大,离调专函很快到湖大人事处。我们教研室主任找我谈,他斩钉截铁地对我说,组织上不同意我调走。后经二校商量,湖大提出要一对一对调,武大同意一名经济系教师对调我去武大。这时我已办好住房退还手续,准备起程。

想不到的是,离别四年的爱人来到学校。我从北京回到长沙本应回家探视,但我考虑工作安顿好后在假期回家。爱人在信中已知我回长沙,天天盼我回家,日日想念,夜不能寐,真是“出时嘱咐真情话,不料如今久不归,野鸟夜来成对宿,丈夫不见转回归”。思夫心切,泪湿枕巾。想我大学毕业那次回家后,我尊敬的祖父离世,1960 年 6 月,我尊敬的母亲盼我这个游子回归时,艰难撒手,离别亲人。四年的时刻,连续失去了两位亲人。我最亲的人来到学校,我五内翻腾,倍感亲切。妻子噙泪诉说离愁,我也忍不住流下泪水。常言道:“男儿有泪不轻弹,只因未到伤心处”。我的两位亲人离世,我不在身边,未尽孝心,甚感内疚不安,但久别的妻子来团聚,使我被压抑的恋情顿时燃烧,冰清玉洁的恋情改变了我工作调动的决心。回首往日,妻在南,夫在北,夫不像夫,妻不像妻,“劳燕分飞两别离”。妻子苦守相望,丈夫苦守孤单,这是不成夫妻之悲剧。苦难夫妻牛郎织女还有一年一度的团聚(七月七日),而我们连这起码的要求也做不到。我们将近三十岁的人了,莫说长期聚首,起码也要一年有相聚之期。长沙离家一百公里,我回去方便,妻子来校也近。如果去武汉,有四百多公里,夫妻相聚不方便。工作固然重要,但家庭也是人生之所需。考虑到未来人生的工作定向,我不能像过去痴迷于读书,更应考虑妻子的感受,考虑自己安全港湾的家庭。正是基于此,我人生中第一次毅然决意向武汉大学提出把妻子户口随我迁移到武汉,武大对我的要求,多次与武汉市和湖北省委联系,据说从湖北省委调武大任副校长的的何定华多次努力,但因城市与乡村二元结构分割成不可逾越的鸿沟,故终未做成。既然如此,那我只好认命。我告诉妻子,我们相守一辈子,你我可在长宁两地走动,马路即是为我们夫妻搭建的“鹊桥”。妻子听我这番话,感动得流泪。在长沙的日子,打破了牛郎织女一年一次相聚的限制,我们夫妻之间一年至少有四次相聚。

我不去武大,马列主义教研室组织也很高兴,根据我的特长安排我在哲学教研组,担负马克思主义哲学课教学。1962 年国家颁布了《高教六十条》,对 1958 年打乱高等教育秩序进行了总结,高等学校经过整顿走上了正轨,出现了新气象。马列主义理论课跟着形势空转的日子过去了,也走向了稳定,开设了哲学、政治经济学、中共党史三门课,使用的是全国统编的教材。哲学教材是艾思奇主编的《辩证唯物主义与历史唯物主义》,全面系统地阐述了马克思主义哲学原理,是一个好教材,受学生欢迎。

我虽然在大学所习专业是历史,不是哲学,但师从侯外庐之后,哲学也成为我的主课之一。侯先生经常说,从事中国思想文化研究,必须具备较好的哲学理论基础。我作为一名哲学教师有一定基础,这离所习专业并不远。因此,我接受了组织的安排,正式走上大学讲堂,当了一名哲学教师。

在大学教授马列主义理论课,不知情者以为容易,但知情者感到这是一件不轻松的工作。马列主义理论课被视为政治课,具有极强的时效性,也就是说,必须结合政治,紧跟政治形势的发展。政治形势是一个动态的过程,处在不断变化之中。因此,政治理论课不像数理化课程那样稳定,讲稿必须年年更新,不但结合政治形势需要,而且内容本身也存在着更新要求。虽说讲授的都是马列主义原理,但"经书一本,各有各的用法",如以前辩证法包含着三大规律即对立统一、质量互变、否定三大规律,后为突出阶级和路线斗争,辩证法只讲对立统一规律,其他两大规律被取消。政治课讲稿一年一稿,唯恐出错,很是辛苦。

马列主义理论课跟着政治形势走,有时发展到政治形势需要什么就讲什么,马列主义体系完全被打破,变成了既不是政治理论课又不是形势教育的不伦不类的课程。我深深感悟到政治课教师难当,一年一稿备课固然辛苦,但还要担当不应有的讽刺。所谓"嘴巴两张皮,任意说高低",好像政治课是"风"派,今天这样说,明天那么说,是非无定准,这是对政治课教师的极大误解,评价不公正。政治课教师与其他专业老师比,他们工作更难和更艰辛,这应该还它一个公道。

二、参加党的中心工作

参加党和政府指派的中心工作,也是我前半生工作的重要组成单元。"文革"时期,下厂下乡成了我的主要工作。记不清是从哪一年开始,湖南省每年要召开一次全省规模的学习毛主席著作模范大会,中共湖南省委非常重视,不惜人力和物力。为了准备会议,每年都要抽调大批大学理论课教师下厂下乡,一是对学习模范调查摸底,其任务是把模范的学习毛著的事迹加以整理和拔高,形成大会交流和在全省人民学习的榜样的材料。我记不清究竟写了多少毛主席著作学习积极分子的材料,但我记得写材料很辛苦。1971 年,为了在湖南岳阳地区汨罗县汨罗公社召开全国的毛主席著作学习积极分子现场会,我去公社两个多月,住在社员家。为了不耽误社员每天出工的时间,我每晚访问,深夜回归。我出身农村,田间小路走得多,没有不方便。但我所在的公社是一个平原区,良田几万亩,一望无际。有一天夜晚,我去离住地六里地一个毛主席著作学习积极分子家访问,去时已近黄昏,到深夜则大地一片漆黑,这时正是晚稻抽穗扬花的时候,田野一片翠绿,分不清东南西北,虽带有手电,但手电只能照眼前距离,照不着前进的方向。我迷失了方向,已夜深,田野无人行走,无法询问,走出了三里地,不知往何方走,很是着急。突然听到远处有狗吠声,我心中恍然一悟,凡有狗吠声的地方,一定有人家居住。因此,打着手电,不管有路还是无路,横田涉水,往有狗吠声地方走去,越往前走,狗的叫声愈近,我终于发现了前面的住屋。这里有几户住家,其中两户还未入寝,他们听到我的央求之后,二话未说,由一家姓宋的两个兄弟直接引领我到住处。我的住房是杨家,他们见我深夜未归,想去找我,但不知我在何处,很是着急。当我回到他家后,心头的石头落了地,我和住家在这晚都虚惊了一场。

写一个毛主席著作学习积极分子,要经历多次的访问,第一次是听访问对象汇报,访者记笔记,以后几次是访者设计问题,被访问者回答,扣住主题而千方百计地突出积极分子学习毛主席著作的自觉性,如果被访问者没有这个想法,那么我们千方百计有意识地加以引导,本来一些不显眼的小事,经过整理者在理论上不断拔高,这就成了标准的毛主席著作学习积极分子表彰和推广的材料。

写一份毛主席著作学习的材料,在乡下昏暗油灯下执笔并不比写讲稿轻松,材料写完后还要原原本本念给他本人听,积极分子不明白的地方,还要对他作讲解,使其在大会上作介绍时不出差错。当时有人大发感叹说,这比著书立说还要难,极为辛苦。我记得有一次为了赶写我们的学校电机系一份毛主席著作积极分子的材料,彻夜不睡,一直写至第二天早上八点,类似挑灯夜战不眠的状态,我曾经历过多次。后半生的学术研究虽呕心沥血,但如此不分昼夜地写作未曾有过。工作似乎是按时完成了,但身体遭到摧残,从此以后,我得胃病,身体一天不比一天了。

在 1972 年春天,我在湘西龙山工作时还险些丧命。这年春节刚过不久,我被抽调参加中共湖南省委春耕生产检查团工作。临走时,我胃病发作,但还是勉强出行。湘西龙山统车公社,是个很贫穷的地区,是土家族和苗族聚居之地,生活很苦。春耕恰是春荒时节,缺粮而使春耕生产受到影响。当时我担任工作小组的组长,具体到叫松木的大队指导工作。我组成员杨楚乾(当时湖南大学人事科科长,后为湘潭大学副校长)、施素梅(校办工作人员)住在山上,我住山下,这便于联系群众。我们与社员实行“三同”——同住、同吃、同劳动。白天劳动,晚上工作。我的住户家,粮食紧,每日只两餐,都是玉米片和红薯混合煮吃,这对有胃病的人极为不利。虽胃病不时发作,我服药后暂时得以稳定。四月二十九日,也是五一劳动节前一天,我同社员一道去距队三里地挑石灰,路途虽不远,但要过几个山坡,路崎岖不平,行走费力。一天劳动下来,已是精疲力竭。但夜晚还召开社员大会,号召以春插的具体行动迎接五一节,开到深夜。第二天清晨,我同社员一道去秧田拔秧苗。忽然雷声骤起,天上黑云翻腾,一刹那间,大雨倾盆而下,全身淋得透湿。我同社员一起,回住所换了衣服,虽身体很不舒服,仍强打精神,同社员一道坚持插田的劳作。这天早饭也未吃,整整一天,我胸闷难受作呕,住户叫我吃晚饭(实际上是中饭,他们只吃两餐),当要呕又呕不出之时,我用力拧喉管,结果大口大口血喷出,随即下泄血,晕倒在地,处于休克状态。住户家急忙从山上叫来杨、施二位同志,看我全身发黄,检查大便全是污血,断定我是胃大出血。这时天色已晚,到公社医院近八里地。老杨的爱人是医生,他有些医学常识,嘱托住户千万不要给我吃东西,以防胃穿孔。另外,给我服胃药,争取安全渡过当晚。第二天刚黎明,杨、施同社员商量,用轿子抬我去公社医院急救。这时,我已清醒,胃出血时只感到心里不舒服,反而不感到灼痛(后来医生告诉我出血时胃不痛)。我强作精神提出,坐轿子不好,要求给我一根拄手棍,我只有一个要求,我行多远,你们跟随多远,我休息你们也休息。在我强求下,他们不得已同意。临行前服胃药,带上水,慢慢地跟我走,走一会,休息一会。八里地走了近大半天,到达公社医院,医生量血压时,已量不到我的血压了,这很危险,经过急救处理,马上转龙山县医院,当时无汽车,只好用被子裹着用马车载着去龙山医院。龙山医院有湖南湘雅医院下放的著名医师张志纯夫妇(一年后被调回湘雅)。他发现我出血太多,当即决定输血,把医院一个勤杂工的儿子叫来抽血,一次给我输 900mL 的血。失血时,我的脑子似乎悬在空中,感到失血的难受。张医师说,我来得及时,不然有危险。龙山县城到我原工作的地方有一百多里地，社员知我已去龙山县医院非常挂念，他们要求到县医院探望。杨、施二同志转告我说："当地社员得到你重病去县城医院，社员都很难过，他们说，陈干部白天同我们一样劳动，夜晚打着火把到其他生产队开会和串门（大山区夜晚打火把可防猛兽），他白天黑夜为我们工作，为我们而病倒。我们要去医院。"杨、施二同志考虑到龙山路远，劝阻了社员群众。当我听到社员这些话，抑不过心中的感动，可惜的是，我从龙山医院出院后直接回到长沙，没有机会回访龙山桶车公社和松木大队的社员群众，心中留下的只是对他们的记忆。出院时龙山张医生说："你很幸运，胃未穿孔，生命免遭一劫。"嘱托我回去好好休养，养好后一定要胃切除，像你这样单身生活，保守疗法行不通，半年之后，我进行胃切除手术，因大面积溃疡，胃切去四分之三，这虽是我工作中经历的一件小事，但杨、施二同志对我病中的关心和爱护，龙山质朴的社员群众的质朴关怀，我永远也忘不掉。

前半生，我虽在政治理论课的教学岗位，但实际上我一直从事党的中心工作，不是当教师，而是做干部。1965年春节刚过不久，我又被指派到湖南宁乡县花明楼区（刘少奇的家乡）参加社会主义教育运动，当时又称"四清"运动（清经济、清思想、清政治、清组织）。其规模仅次于新中国成立初的农村土地改革运动。这是党的中心工作。我被分配到中共湖南省委直属社教分团团部工作，具体是到团部蹲点的杨林公社粉铺大队点上工作。我以前虽未参加农村工作，但我出身农村，花明楼离我家一百里地，农村情况多少知道一些。农村实行人民公社后，在农村政治体制上发生了深刻的变化，在"一大二公"的原则下，个体的私产几乎泯灭，特别在人民公社食堂阶段，农民吃饭、出工等，几乎由生产队统一指挥，当时的口号，生活集体化，劳动战斗化。生产队的干部权力极大，瞎指挥、瞎命令之"五风"盛行（农村前有“反五风”的运动），农民苦不堪言，尤其是对不听指挥的社员，被干部克扣饭餐，不给饭吃的情况，农民的怨言尤甚。农村中干部与群众的矛盾突出，既影响了农村的稳定，也极大地影响了农业生产。农村社会主义教育运动因此而展开。

三、岳麓书院文化研究所的策划与成立

岳麓书院是我后半生的重要工作领地，直到六十五岁退休，经历二十余年，这是我人生中最重要的工作经历。退休后，至今虽仍在从事研究工作，但工作的性质不一样，属老有所为的业余性质，我称此为后工作时期。

在岳麓书院工作，可谓是白手起家。新中国成立之后，岳麓书院这位千年历史老人，几乎被人遗弃，除子弟学校在此设置以外，享誉千年的学术殿堂变成了湖大家属大杂院，住满了二十余家，烟熏火烤，污迹斑斑，墙体剥落，四处冒烟，这位历史老人，肢体残破不堪，惨不忍睹。千年书院已病入膏肓，如不抢救，真是要成历史残灰。有心人无不为此而叹息，似乎听到了这位千年历史老人在哭泣，似乎向人诉泣，他虽重病，仍可救药，要求后人不要从此遗弃她。

历史终究有情，历史不会被后人遗忘。西方哲学家黑格尔说：“我们之所以是我们，因为我们有昨天；我们之所以有今天，因为我们有历史。”后人所做的一切，都是以历史为起点的。1976 年，苦受“文革”动乱煎熬的日子终于过去了，赤土神州迎来了和煦的春风，千年历史老人走上了归来之路。中国历史发展史具有里程碑意义的中共中央十一届三中全会刚刚落幕，在老校长朱凡主持下，开始了岳麓书院的修复。千年学府岳麓书院修复，这是一项光耀历史和惠及后来者的工

程，备受政界和学界的关注。以湖南省政协主席程星龄领衔的十余位政协常委联名上书胡耀邦总书记，学界则以学术泰斗北大教授张岱年为代表的六十多位学者联袂发出了重光岳麓书院和发展湖大文科的呼吁。在改革开放的大潮下，岳麓书院历史开了新篇，展开了新的历史一页。

1984 年以前我虽未参加书院开始的修复工作，但对书院的修复很关注，书院的一些重要活动，我都应邀参加。1981 年 3 月 18 日，中共湖南省委关于岳麓书院修复四十二号文件下达，文件规定非法占据书院的岳麓公园搬出，指出书院修复要纳入湖南大学发展规划，体现千年学府的特点。经过三年的修复，书院已部分得到修复，书院局部开放，供游人游历参观。与此同时，从岳麓书院为基地推进湖大文科发展的工作也提到议事日程，1984 年，在副校长谢彦玮的领导下，接续岳麓书院千年文脉的筹备正式开始。

我万万没有想到，我有幸成为这项策划和筹备工作的重要参与者，成为千年学府重光的见证者。3 月的一天晚上，用完晚餐后，我习惯性地阅读当天的报纸，忽然听到敲门声，我应声而起，想不到是谢校长临门。我与谢副校长没有打过交道，并不熟悉。他突然到来，我感到很意外。想不到的是，谢校长待我如对老朋友，满脸笑容地自己拿凳子坐下，却把我推到沙发上入座。寒暄几句，直奔主题，说明来意。他说："我好久就听说，你是我国著名史学家侯外庐的学生，多年专修中国思想文化。"身体发胖的谢校长说到这里，呼吸急促（事后才知道他有严重的心脏病），停了一会，缓过气说起了学校关于如何接续书院千年文脉的大事。他说："重建书院千年学脉，为以后湖大文科发展奠定了一个基础，找一个切合点十分重要。"在书院开始招收文科学生，专业的设置和学制的规定，都要呈报教育部批准，这在当前一下子办不到。谢校长说，经过与成文山校长反复商量,拟在书院先成立一个研究所,聚集人才,开展研究,扩大影响,在此基础上进一步推进湖大文科的建设。但在书院成立什么样的研究所呢?似乎谢校长心中无谱,心情焦急。他经过多方咨询,设想不一,有的主张成立中国历史研究所,有的提议成立中国社会科学研究所,书院内有的同志主张成立中国书院研究所。谢校长认为,这些研究所似乎都难反映千年学府学术传统与特色,至少在形式上与千年学脉传承不切。接着谢校长面向我说:“你是专修中国思想文化的,在北京学习时,接触过很多的知名学者,你一定有好主意,我特意来找你,希望你把此做成一件大事,提出你的方案。”说完,他凝视着我,似乎对我有期待。虽然我与谢校长初次见面,但相见如故,他那种言辞恳切、态度谦和、没有一点架子不耻下问的平民化的作风,令我十分感动。

太史公司马迁说:“士为知己者死,女为悦己者容。”谢校长对我一个很普通的教师如此厚待和推崇,我当时第一感觉谢校长已把我当知己对待。自古以来,凡有良心的读书人总不会轻慢自己的知己,我虽不才,一定不辜负谢校长的信任。我当时虽未向谢校长明示,但我心想一定不负谢校长的知遇之恩。

谢校长是个工作狂,谈话三天后的下午,谢校长再次来到我家,我经过几天反复思考的意见,详尽地向谢校长做了汇报:首先,我认为千年学府文化研究,必须体现它千年不坠的文脉,体现它固有的特点。千年以来,岳麓书院是儒学的研发基地,是儒家文化研究的学术重镇,南宋时期又是湖湘文化的发源地,直到清末。因此,书院成立的研究所必须依托其务必有的历史背景,换言之,不是成立泛指的历史研究所,更不是成立中国社会科学研究所。而是成立书院文化研究所,借以凸显书院千年文化思想文脉。谢校长一边听,一边作记录,频频点头,喜形于色,好像有什么发现似的,站起来兴奋地对我说:“好!好!

我心中有了谱,还是在岳麓书院成立一个文化研究所好。”接着他询问我关于研究所的组织机构的设计,以及研究所具体学术方向的问题,我一一地禀报自己的想法,他满意地说:“你真动了脑筋,想不到你考虑如此周密,我几次到你家值得。”说完紧握着我的手,要求我写成文字材料,过两天来取。谢校长已多次登门我家,他是工科出身的学者,对接续书院文脉如此真情真意,令我十分感动。我没有等谢校长来取,提前把我草拟的报告送到了他的办公室。谢校长的办公室坐满人,好像在开会似的,我到门前马上退出,谢校长意外地发现我,连忙站起身迎我进室,吩咐室内其他同志,今天有要事,问题另外安排时间讨论,校长办公室只有我和谢校长二人。他对我的报告,认真地阅读,并做文字上的修改,表示很满意。经办公室王颖珊抄写之后,岳麓书院文化研究所成立的策划报告正式出笼了。

4 月 11 日,这是值得岳麓书院纪念的日子,沉寂近百年的岳麓书院在改革开放春风的催生下,千年历史老人展开了腾飞的双翅,穿透历史时空,进入到 21 世纪历史上又一个辉煌时期。这一天,在没有任何装饰的教学斋开头靠北的一间房子里,坐着副校长谢彦玮,党委副书记刘久成,还有杨慎初、陈海波和我及书院修复办刘孟甫等同志。谢校长宣布岳麓书院文化研究所成立,下设书院研究室、理学研究室、古建筑研究室、资料室,研究所与修复办合署办公。接着刘久成书记宣布研究所负责人任命名单,杨慎初为研究所所长,主管书院修复,我和陈海波为副所长,我分管学术研究和教学工作(1988 年任所长)。从这天起,岳麓书院千年文脉得以传承和延续,我也从人文系调离,回归到我多年梦想的学术研究岗位,开启了影响后半生工作的重要经历。

四、书院工作开创的日子

随着书院文化研究所的成立,我由一名单纯的普通教师变成了教师与行政工作双肩挑。书院文化研究所的工作完全是一个新的事业,毫无基础,开创时遇到了三大压力。一是书院研究人才奇缺,受过大学专业训练的只有三人,其中两名是刚从大学毕业的年轻人,另一位是大学攻读考古专业,专业不对口,如何开展研究工作,队伍建设成为关键。二是经费来源无着落,学校没有开办的经费,经费只能从修复经费中支出,但书院的修复经费,国家并未正式立项,未列计划安排,这是一项首长工程,全靠寻求有关首长的支持,其工作难度很大。其三,接续书院千年文脉,不但要在学术上体现,而且教育功能也期待恢复功能。这些都是我当时面临的巨大压力。

首先,必须在研究人员奇缺的条件下,千方百计地设法开展研究工作。我为书院学术研究确定了研究方向,儒家文化(宋明理学、儒学)、湖湘文化、书院文化三个为研究方向,并分别确定了课题,分步推进。为了尽快形成研究队伍,实行开门办所,利用我与学术界的联系,从中国社会科学院、华东师大、西北大学、湖南师大和湖南社科院,聘请一批兼职研究员。他们直接或间接给我们的研究以很大的支持。如中国社科院的著名学者邱汉生和黄宣民亲自到书院为宋明理学研究班授课多日。特别是湖南师大的杨金鑫、杨布生把书院看作是自己的家,招之即来,承担了书院研究的任务。研究所两个年轻人很快进入了研究的角色,担负了《岳麓书院史略》著述,计划的《岳麓书院山长考》《朱熹与岳麓书院》《岳麓书院名人传》的著述全面展开(不到两年均已出版)。在此学术研究上,过两年即 1986 年,岳麓书院停辍已百年的教育功能得以恢复,通过高考招收历史专业班。从1984年到1986年,书院研究所四岁生日,召开了国际性的"纪念岳麓书院一○○六年暨湖南大学定名六十周年学术讨论会",云集了全国的有关学者,美国、日本、韩国的学者与会,沉寂的书院空前热烈,极大地扩大了书院的影响,学界为这位千年历史老人的归来而欢腾,庆祝千年文脉的重光。

困难重重的岳麓书院修复经费(包括研究所的经办经费)也逐步得到解决。本来,书院经费不是我分管的事,但研究所的开办经费要从书院修复费支取,工作上的要求决定我不能置身其外。书院从1984年以后续建的御书楼、文庙、后花园的几大修复工程的经费,都是我经办的。我作为一介书生,在此经费中的筹措中得到了磨炼,丰富了我人生的阅历,也使我有成就感的快慰。御书楼的修复,是书院修复的重大工程,是恢复书院三大事业之一(教学、藏书、祭祀),与其他工程相比,其经费更大。为了寻求其经费,书院同志都煞费苦心,寻找机会。1985年5月的一天,寻求首长支持的机会来到了。主管湖南大学的机械工业部的何光远部长来书院视察。前一天,成文山校长指定由我向何部长讲解岳麓书院千年历史沿革,介绍书院千年在中国教育和学术上的重要地位,汇报岳麓书院今后纳入湖南大学发展规划的设想和计划。何部长是一位老同志,主管的是全国的机械工程,但他对中国古代的文化颇钟情,一边参观,一边认真地听我讲解,不时地点头称好。特别走到忠孝礼节讲堂,好像一个求索知识的学生,聚精会神倾听讲解,他站定凝视着讲堂悬挂的乾隆、康熙皇帝的匾额,又环顾讲堂四壁上嵌入的朱熹亲笔的"忠孝廉节"四个大字,又对著名的岳麓书院十八条学规,一条一条地听讲解。何部长已置身于岳麓书院千年历史中,在称赞之余,似乎对岳麓书院的未来有一种强烈的期待。当他参观书院陈列室以后,他终于开口了,"你们书院修复中有什么困难呢?"

正在这个时刻,我向何部长汇报了修复御书楼遇到的经费困难,书院面临着停工的危险。何部长停下脚步,他向我和成文山校长说:“你们提出的问题,湖南省领导也同样向我提出。就在今天用早餐(何部长住省委九所)时湖南省协政主席程星龄走到我的餐桌前问道,你是何光远部长吗? 我说是,程主席给我介绍了中共湖南省委关于修复岳麓书院的四十二号文件,提出湖大是机械工业部管辖的大学,要求机械部给予支持,省与部共同努力把书院修复好。”说到这里,他向我和成校长说道:“为了搞好机械工业部与湖南省的关系,应该支持。今天我了解了岳麓书院千年发展历史,修复书院对湖南大学的发展极有好处,经费上支持值得。”接着他向我问道,修复御书楼要多少经费,我把手中预算经费的报告呈上,何部长看过以后,连声称好。在临近教学斋的一个会议室,何部长做出了160万元的批复(20世纪80年代这是一个经费大数字,也是书院修复以来,首长拨的一笔最大的经费)。我记得批复上有这样一段话:“为了协调好部与湖南省的关系,经我调查,确定批复书院重建御书楼的经费请示报告。”根据何部长指示,紧接着我与修复办刘孟甫去北京找部主管基建的陆总办理,御书楼重建工程于当年7月启动。

文庙修复的经费,也是一个难事。御书楼工程完后,与之相邻的后花园及碑亭的修复被迫停工已两年。有一天,中共湖南省委书记熊清泉陪同李岚清同志来书院视察,恰好又是我讲解与做导游。在间隙中,我向熊书记报告了文庙修复停工两年的情况。后熊书记批示杨汇泉副省长解决,我同刘孟甫到杨省长家。杨省长当即批三十万经费,后花园及碑亭的经费总算解决。

当时修复计划唯一未完工的是文庙,这是我为书院修复最后一次筹款。考虑到书院已列为全国文物重点保护单位,向国家文化局申请经费似乎顺理成章,但几次呈报都未果。这时想到我们书院的顾问,原中共中央书记处书记邓力群同志(邓老主动地做书院顾问),他对书院很关心,三次赠图书于书院(御书楼已列有邓力群书屋)。1993 年 4 月,在章启辉陪同下,我去北京,经与邓老的秘书联系,进京的第二个晚上,邓老在书房兼客厅接待我们。邓老已过花甲之年,精神矍铄,谈吐自如,和蔼可亲,从湖南家乡到书院,几乎无话不谈。我与启辉不感到拘束,也不感到紧张,很轻松地同邓老聊起来。邓老特别关心年轻同志成长,他特意嘱托启辉说:"钱是身外之物,生活固然需要钱,但不可刻意去追求。"说到这里,他站起来走到书架前,取下他刚刚出版篆刻二部书赠给我们留念。当我提到文庙修复困难时,邓老神情凝重地说:"我接到你们报告后,我向国家文物局打了招呼,千年学府全国仅有,国家应以支持,为什么未落实呢?"邓老似有愠色,他抬高嗓门说:"你们放心,我一定要文物局尽早拨下经费。"(事后才知道国家文物局长曾是邓老的秘书)。一个月以后,经费下达,文庙修复工程于 1994 年底完成,原计划的书院修复工程至此结束(后来续修工程未列入当年计划之内)。

在书院修复中,我清楚地记得,不仅受经费的困扰,而且在岳麓公园搬迁书院也遇到了很大阻力。岳麓公园 1956 年成立,与湖大毫无关系,公园在山腰上几间平房内办公,虽说是公园,但参观的人极少,管理处只有几个人。"文化大革命"中,河西造反派成立了所谓抗暴指挥部(实际上是武斗指挥部),在湖大工作瘫痪之时,趁机进驻岳麓书院教书斋。"文革"晚期,武斗指挥部解散,其中在此指挥部工作的几个岳麓公园的人,未经湖大认可,乘机把公园搬进书院,占据教学斋两厢的房子。随着 1981 年书院修复的展开,居住在书院的湖大的家属全部撤出,岳麓公园内的人赖着不搬迁。他们置省委四十二号文件不顾,放言攻击当时管文教的省委书记焦林义是湖南大学党委书记,公园一个姓潘的书记很专横,据说任何人的话都不听,他拒搬迁的理由是,长沙市未安排公园的办公用房。为此,我们主动多次与长沙市主管公园的城管局联系,但都没有取得任何效果,眼睁睁看着修复工程受阻,在万般无奈的情况下,我们在公园占据的教学斋正式搭上脚手架,表示即将动工,期待有令人满意的反应,但一个月过去了,公园若无其事,不予置理。在这种条件下,没有别的路可走,面对无理取闹的公园领导,只有来硬的,况且已搭好脚手架,强制拆除并不是难事。但我担心研究所其他负责人有顾虑,不敢执行。所以我的想法只与修复办刘孟甫沟通。他同意我的意见,我与他把考虑强行拆除的时间和办法通了气。一是拆除时间定在中午,公园下班时间进行;二是拆除是把屋上的瓦全部拆卸,使之无法办公;三是公园负责人的办公房不但要屋瓦全部卸下,而且把屋梁也全部拆下,来一个底朝天;四是基于刘孟甫是修复办的负责人,公园工作人员认识他,此项拆除由我现场指挥。刘孟甫表示首肯。我找到修复工程的施工员戢秋满,把以上的规定详细交代,要求拆除的当天,工人早下班吃午饭,等公园下班就动手,到上班时拆除停止,以免发生冲突,造成伤害。戢秋满严格地执行了。拆除的中午,我在书院的第二门指挥。两个小时不到,教学斋屋顶全部空了,剩下的只是脚手架。公园上班的人员大吃一惊,原办公的住所已底朝天,不能住人,骂的骂,喊的喊,乱成一团,但屋上没人,找不到地方发泄。有一个姓林的岳麓区人大代表带头,把修复好的院办公室的门窗打坏,而且架设楼梯对已精心修复好的大门建筑进行破坏,构成破坏文物的行为,与此同时,这位所谓区人大代表到二门揪着我,我说搞错了人,他不认识我也只好放手了。公园有几个人带着军犬闯进刘孟甫的宿舍,老刘已预先做了准备,他在学校基建办公室。有名的岳麓书院强行驱赶岳麓公园非法占有的行为就这样发生了。

事情发生后,很快震动了书院其他领导和校领导。他们开始时还不大理解。但到现场看过公园工作人员对已修葺的文物破坏的现场,感到很气愤,一致表示再不能忍耐了,把原只是公园拒迁演变为我们捍卫书院文物的行为,在书院召开记者会,参观现场。另外,由省文化厅出面,在书院召开有学者名流参加的大会,控告公园人员对文物的破坏。一方面向长沙市进行交涉,我和杨慎初以及校办主任朱本立找到了长沙市管政法的副市长刘湘皋。刘市长当听到公园破坏已修葺的文物很气愤,当即表示对公园姓潘的负责人行为不能容忍,并立即打电话发通知,限定公园必须在三天内从书院搬出。公园和长沙市城管区没有想到他们会如此被动,无可申辩。一天之后,长沙市的通知下达了,我们也接到了通知,通知限定公园三天内全部搬出,违者定将惩处。公园迫于压力,在限定日内全部搬出,久拖不决的书院修复的阻力和拦路虎最终解决了,书院同志精神为之振奋,纷纷议论说,"陈所长平时温文尔雅,有老夫子气,想不到他也有硬的一手"。这种议论是事后有人告诉我的,我感到有理的和符合政策的事,群众总是会支持和拥护的。这不是我个人之事,是代表了群众的意见。在书院开创期间遇到种种困难,学术研究局面的打开,或是经费的筹措,我之有所作为,全在于得到群众的理解和支持,我和书院同志结成了深厚友谊,至今友谊仍在,成为我在书院最难忘的工作经历。每当念及,总有一种犹在当年的感觉。

五、书院文化研究所大发展的日子

经过十余年的精心修复,千年学府岳麓书院以崭新面貌展示在世人面前,书院已向社会全面开放,进入到它的大的发展时期,无论在学术研究或是开放管理方面,都进入到发展的新阶段。曾淡出世外的学术殿堂,重现它的异彩,并喷式地出现了一批学术界有影响的学术战果:《中国书院制度研究》《中国德育思想研究》《儒家伦理哲学》等,颇受学界关注,有的被誉为精品之作,有的被《中国哲学年鉴》和《国家年鉴》作为重要学术成果收录与推介,有的如《中国书院辞典》《中国书院史资料》(上、中、下册),填补了书院史研究的空白。岳麓书院成为学界公认的书院研究中心和资料中心。在理学研究上也相继出版了《张栻与湖湘学派研究》《湖湘学派源流》《宋明理学通论》等,处于全国理学研究的前沿,并且也成为湖湘文化研究的重要中心。我院撰著的《中华文化通志》中的《教化典》之《社会理想志》和《智育志》,连同《中国书院制度研究》《中国书院资料史》一道,远销美国、韩国、日本以及我国台湾地区,这是我校学术著作第一次走向海外。据不完全统计,这个时期出版著作三十多部,论文达到百余篇,千年老人迈开了历史的大步,跨进了我国文化的复兴时代,引起了国内外学界的关注。

与此同时,在教育功能的重建上也取得了很大的进展。1990 年,国务院学位办正式授予硕士学位点,接着书院开展了研究生的培养,并第一次开始招收留学生。

在书院管理上也取得了进展,随着书院向社会全面开放,海内外的参观与游览者纷至沓来,隐身世外的历史老人,正以新的面孔迎接世人。岳麓书院作为千年罕见的高等学府,名声享誉海内外,目睹这个历史巨人,参观者引以为快。书院的管理也走上新台阶,千千万万的游人都感叹这是斯文圣地,也感叹这是一片净土乐地。书院的开放,也带来了经济效益,以前书院经济拮据的时代结束了,祖宗留下的金饭碗,再也不使我们经济发愁了,书院小的修复、临时工的开支、学术研究的费用都有可靠而稳定的门票收入来源。种种事实表明,20 世纪 90 年代书院已进入到一个大的发展时期。

书院的大发展只是它跨越历史的一大步,还有第二大步、第三大步等待它前行。然而当它迈开历史跨越第二步时,迎来了种种阻力和困难,即如何在硕士点基础上取得博士点遇到困难。本来在成文山和谢彦玮校长主校时期有一个明确的设想,要把岳麓书院建设为一个高层次国学人才培养的基地,在硕士点基础上进一步取得博士点,这就成了高层次人才培养基础的关键。但要实现这个目标,必须突破两个瓶颈:一是要建立一个有三个正教授和若干副教授,特别是一定博士出身的学术研究梯队。这恰是书院不具备的,虽然有两个正教授,但有一个是搞建筑的,不能计算在内,已取得博士学位的年轻教师是空白。虽然有外地兼职教授,按规定没户口不能算数。二是建立博士点必须有相应的文科作依托,有相应的本科为基础。这恰恰又是我们所不具备的,我校文科除外文系以外,文、史、哲等文科均没有。本来瓶颈明摆着,该着力去解决,但我万万想不到遇到了重重的阻力,推不动。有的校领导,虽然大会小会,几乎言必称书院,但不做一件实事。进人不给指标,不安排引进者家属,学校的引进人才风风火火,唯独书院无人过问,我多次呼吁请求,均无答复。再说在学校文科建设方面,有的校领导根本没有打算,甚至设置阻力,加以反对。以上两个问题书院本身无法解决。虽然如此,但我们还是尽了最大的力气,我利用中国社科院历史研究所的关系,订立协议,同意我与历史研究所共同培养博士,另外历史研究所同意接收我所两个年轻人攻读博士学位。但我职卑言微,只能做到这些,其余束手无策,心中承受着巨大的压力。这时恰是我身体最不好的时候,在湘雅医院住院动手术,不幸药物中毒,手术本身成功,但药物中毒严重折磨着我。头部好像箍上了孙悟空的紧箍咒,疼痛难忍,站立不稳,呕吐不止,浑身颤抖。很长一段时期查不出病因,有幸在专家会诊下得出药物中毒的结论,我已到心力交瘁的地步。博士点无望的情况下,我不由自主地想起了过世的谢彦玮副校长,产生了对他的深深的怀念,情不自禁地写了一篇文章:《谢校长你在哪里,我们想念你》,期盼有一个像谢校长一样的领导指导书院工作。书院的几个同志看过之后,一方面觉得文章情真意切,有感情,他们不知写此文章用意,问我文章如何处理。我当时未说,事后以“常言”的笔名在湖大校报发表(1 月 1 日的校报把标题改为“怀念谢彦玮副校长”)。虽然我用的是笔名,但有人猜测是我写的。副校长黄红武问我为何不用真名字,用真名发表效果更好。但他不知我的苦情,若用真名发表,那么现任领导将作何感想呢?这文章可以见证我当时的郁闷心情,表露我当时工作上的无奈。

随着书院全面开放,在书院的行政管理上提出更高的要求,如何严格按照国家文物法管理书院,也遇到了极大的困难。书院文化研究所是学校特殊机构,既是学校的一个组成部分,必须接受学校领导和安排,另外,它又是国家文物局的国家重点文物保护单位,文物如同矿藏一样,系国家所用,任何单位和个人不可任意占有。湖大受国家委托管理岳麓书院重点文物,必须在文物管理上接受国家文物局的业务指导,必须执行国家的文物法令。岳麓书院文化研究所即是代表学校和文物部门具体管理单位,隶属双重的领导。学校原初的领导都认真执行中共省委的四十二号文件精神,对书院文化研究双重职责一直明确。但后来的领导不把书院研究所作文物单位看待,也从来不过问国家文物法的执行与贯彻,只把研究所作为学术研究结构。由此,书院工作围绕是否贯彻国家文物法问题与校领导发生了一系列摩擦。

关于书院的门票经营上的摩擦,即是其中突出一个例子,按照国家文物法的规定,书院的门票只能专管专用,用于文物修复,用于文物保护,用于文物研究和征集文物,用于员工的开支,明确规定任何代管单位不能把文物作创收单位,其中还规定授权的代管单位又必须有一定的经费拨付给文物管理单位。这是国务院规定的红头文件,但我们的领导可以说是文物法盲。学校财务处不顾国家文物法规定,岳麓书院的门票收入按月交财务处,如需支出再向学校申请批给。如此一来,书院文化所一切费用都被切断,书院自身毫无自主权,书院管理无法运作。办公室主任彭爱学和王颖珊向我诉苦。我执笔写了一个长篇的报告,详细地申述了学校有关单位违反了国家文物法规定,变相地把国家文物单位作学校创收单位,并要求转呈有关校长。据说财务处领导看后火冒三丈,以为是对他们的蔑视。赵里华副校长管财务,不过他未发火,只是说我不该发这样大的火,财务处受不了。交代我说"你把国家文物法送给我",我求之不得,这正是我们向学校领导宣传文物法的好时机。由王颖珊送去几份复印的国家文物法,国家的法律起了作用,学校财务处收回了原来的决定,门票收入还是按照我原来与熊祝华副校长商定的原则和方法办理。

一波未平,一波又起,同样在要不要执行国家文物法的问题上,我与有的校领导发生了认识上的深刻矛盾。似乎有的校领导有一种惯性思维,以为学校范围内的行政事务都有权处理,如准备把书院文庙作学校办公楼即是一个突出的例子。1993 年的一天,学校用电话把我从河东会议上召回,通知我下午见校领导,走进校办公室,校领导正在交谈,见我进屋之后,停止了谈话,校领导对我郑重其事地说,学校为了腾出办公楼作教学楼,决定校行政和党委机关搬进岳麓书院文庙,命我做好准备。本来,上级对下属做出的决定,下级是不容分说地要执行。但我听后感到十分惊愕,这事关国家重点文物的保护,我不能沉默。对于学校用房的困难,我能理解,为此,我们做出了极大的努力,湖大出版社、学报编辑室、高教研究所、校友会均在书院办公。文庙是重点文物保护单位,这万万不可占用的,如果文庙也变成学校办公楼,那么岳麓书院国家重点文物单位岂不名存实亡吗?我作为文物管理单位负责人,岂不是失责吗?千年文物对外开放岂不变成了参观学校办公楼吗?当我讲到这里时,一位领导按捺不住了,他插话说,在文庙的办公用房一律不挂牌子。校领导也摆上了架子,以上级对下属训话的口气说:“书院你们可以办公,为什么我们党委办公不可以呢?”此时,我毫不客气地申辩说,学校的决定违反文物法,我没法执行。校领导一脸不愉快,但个人权力在国家之法面前,毕竟苍白无力,虽然校领导心中感到下级的傲慢顶撞,但又觉得无可奈何,只好不欢而散。

原以为学校取消了原来的决定,事情了结了,但想不到校领导对我的顶撞耿耿于怀,他们给我扣上了一个不服从领导而搞独立王国的污名,在对书院新任命的一位副所长谈话中提到“不要像你老师一样,在书院搞独立王国”。这位新任副所长知道这个说法是错误的,不愿意对老师隐瞒这句话。按我的性格,一般群众对我的议论和批评,我从来都不介意,甚至恶言恶语攻击我时,我都笑脸应对,但这次我忍耐不住了,这是领导代表组织说的话,关系到大是大非,我维护国家文物法,坚持按文物法管理,被看作是“搞独立王国”,今后工作我怎样做呢?对我的帮手、新任命的副所长说这样的话,这不仅仅使我难堪,更重要的是书院要不要执行国家文物法的大问题,我绝不能妥协。为此,我向校党委刘书记诉说心中的不平。刘书记耐心认真地听我近一小时倾诉,书记毕竟有一定的政策水平,他觉得国家文物法必须执行,也感到学校的决定不妥。他真诚地对我说:“说你搞独立王国,我代表组织郑重表明,这是个别领导的意见,不是组织的意见。”还说:“轻易地向下级扣上独立王国,这很不应该,这反映了我们一些同志不懂文物法,不要计较,安心工作。”我原在心中的郁闷,被书记一席话消融了。我无话可说,向书记提了一个要求,要求书记在书院工作同志面前,还我一个清白。书记答应了我的要求,在书院百泉轩召开的有书院室主任以上的干部参加的会议上,书记代表组织做自我批评,给了我一个清白。想不到这件事在学校有些干部中传为佳话,有校领导和中层干部参加的集会的场合下,多次要求我和刘书记介绍当年发生的故事,在场的一位法学院的女同志居然还认真地做了笔记。我还记得在一次招待外单位的餐会上，我谈到工作中如何摆平权力与法的问题时，无意中谈到当年发生的故事，一位我校文科院长发感慨说："要把这件事写入湖大校史。"的确，维护国家法令法纪的尊严，这对领导者与被领导者都不容易，如何把个人权力自觉地纳入国家和政府的法律轨道，这是工作中的最大考验。忆及往事，我在书院工作中还多次遇到过相似的考验。

1994 年，硕士研究生邓文初经过三年学习，各科成绩优良，并在攻读硕士学位期间还发表两篇文章，是一个有才气的青年，毕业后在湖南电视台负责类似于央视《焦点访谈》的"流动记者站"的专栏项目。工作一段后，他还想读博士，报名需要一个硕士学位证明书。他找到当时的研生处领取，但负责此证书的肖同志不发放，说这是校领导的亲自指示。小邓无奈，只好向我反映，当时我蒙在鼓里，不知何意。经过了解，邓文初在上海《文汇报》发表文章，提出千年学府在清末书院改制学堂到湖大定名时有几十年的时间无资可证，新闻界以为千年学府受到质疑，有意炒作，四处传开。校长看后极为生气，一方面向我指责，一方面通知研生处扣发邓的学位证书。这本来是一件学术上讨论的事。邓文初发文当时，我们正与上海、厦门二位老教育专家讨论，北洋军阀统治时期，撤销湖南师范学堂，归并武昌师范学堂，但合并时的学生和教师名册在长沙和武昌都找不到，这期间缺少衔接的材料。邓文初文章发表即是指这件事。这本来是一个学术问题，容许发表不同意见，我们曾成立专门的小组为此查询史料。我认为校长把学术问题与学生个人的政治表现混为一谈了，以权力扣发学生证书，不合理，不合法。我亲自到研究生处呈明情况，质问道：邓文初的学位证书经过答辩委员会全体表决通过，有答辩委员会主席的签章，校领导凭什么扣发，学术上从来容许自由讨论，有什么权力进行压制和惩罚？肖同志听到我带火药味的申说后，无可奈何地对我说："我很为难，里外难做人。"他不好拒绝,改口说:我把学位证书借给邓文初,不误他报名,复印后再交还。我虽不同意这种做法,但报考博士之事紧急,告诉邓文初以借的名义把证书拿到手,不存在还的问题,这本是你应该得到的。如果一旦逼迫交还,那么再打官司。大概是校领导感到理屈,认了这件事,没有追究。遗憾的是,学位证书虽到手,但是非对错不明。

忆昔在书院工作中,与校领导的矛盾分清对错确实不易。因为双方往往处于不平等的地位,领导的个人权力因素不时发生作用。1993年,书院对一个无理取闹的画工的处理招来了校方的干预,给我留下的印象特别深刻。画工兼管书院旅游点小卖部。这个画工稍善画作,经常把自己的画作出卖。他为了推销其画作与旅行社商定,凡有意购买画者预先用电话通知他,准备迎接。书院办公室只有一部电话,有时应接不暇,有一次电话没有转告。画工不分青红皂白,把办公室电话砸坏,态度极其蛮横。事后,副所长和书记找其谈话,要求作检讨,并把砸坏电话修好,他置之不理,拒绝谈话和检讨,并且放言"他只跟校领导谈话",公开宣示不服从书院领导。在此无奈之际,书院依据学校人事处的规定,做出了将此职工退回人事处的决定,并把处理意见与我沟通。但想不到的是,这个画工在自己的身上挂上"一个被迫害的青年画家"的牌子,在书院国内外游人面前示威,企图引起群众的同情,造成极不好的影响。

我从医院回到学校,书院的同志都盯着我,看我下一步怎么办?书院的其他领导一致说:"如果不将其退回人事处,我们今后工作难做",又说,"并不是我们要退回人事处,是他拒绝接受书院的领导"。当时,我对书院同志说,我一定遵循书院所务会议上的决定,一定要办好这件事。我当时身体很不好,头部昏沉,几乎足不能出户,我仔细回想,觉得这位画工如此专横是有原因的。首先,我想到了自己的责任,这个画工虽不是我引进,但对他能力很欣赏,对他要求不严格,有一次还丧失原则迁就他,同意把他给书院御书楼屏风上作的一幅山水画出卖,当时没有意识到他出卖的已是公共财产,所得之钱应该交公。在小卖部经营上,书院群众反映他在工作时间大量办私事,群众意见大。我曾经找他谈话,对他进行过严厉的批评,他都表示服从,意想不到他会发展到对书院组织对抗的地步,扪心自省,我是负有责任的。另外,我也想到,这位画工如此肆意妄为,必有其背景。但不管怎样,我必须坚持原则,秉公办事,坚持原来处理的决定。

想不到的是,这事触动了校方,首先是人事处一位副处长找我,要求我改变处理决定,重新安排画工的工作,并说作检讨的事,他答应负责。我拒绝了这位处长的要求。紧接着校领导也来找我,用求情的口气说话,要求书院改变原来的决定,把画工留在书院工作,还说画工已表示作检讨。领导虽使用求情的口气,但领导出面实际上给了下属一种无形的压力。如不办理,肯定会失领导的面子,引起不快,但照领导的意见办,肯定是丧失原则,引起包括书院其他负责人和群众不满,是自损威信。在依违两难之际,我认为自己应该坚持原则,符合原则的事任何力量推移不动。这时,我也以求情的口吻向校领导陈述了我的苦情。我不是不给他机会,而是画工不给我原谅他的机会。他有心作检讨,就该向所的领导认错,如果怕当面认错失面子,也应该作书面检讨。再说,我从医院回校已有多日,如果有心作检讨,也应该找我认错。然而偏偏不作。他只表示向人事处和校长作检讨,并非真心,只是要求推翻原来的决定,实际上并无承认错误的真心。我对校长明确表态,我无权改变书院的领导集体的决定。校领导虽不舒心,但也未为难我。但画工却把一切怨恨发泄在我身上,写了诬告我的许多上报材料,从人身到工作进行诽谤和攻击。但“身正不怕影子斜”,只要自己行得正,一切诬告在铁的事实面前都不成立。这次风浪虽平安地过去,但来自上下多方的压力,我只能默默承受,工作是多么的艰难呀!

写到这里,我再次回忆起当年母亲的训话:“你读书不要做官,做官对事摆不平。”我记得卸职时在书院全体会议上的讲话提到:我一生中有一件事违背了母亲不要做官的训示,虽然所长不是什么官,但大小也是一个单位的负责人,虽然我的人生梦是做学者,从来也没想当什么官,但毕竟还当了单位的一个负责人。在我人生工作当中最深的感受是,做一个好的负责人是顶不容易的,随时可能受到考验。1996年,我已近花甲,已到退休年龄了,我正在等待这一天,突然一个夜晚,党委组织部长刘悦红到我家,说他特意征求我是否留任的意见。并说,明天党委开会要讨论,要求组织部长在会上汇报我的意见。在此前我已耳闻,书院一〇一六年诞辰国际会议即将召开,学术界我人缘较熟,担心后继者接不上手。另外,书院陈列室正在重新布置,工作尚未完。这些组织部长虽未说,但我知道他的来意,于是我主动地给刘部长表态说,我已感到年老力不能持,身体状况不好,明年的国际会议,我一定同以往一样支持,书院是我的家,继任者是我的学生,他从学生起跟我几十年,我信得过,我一定支持他的工作,并慎重向党委会议转告我的意见。朱汉民上任所长了,但我的教师工作岗位保留,直到 2001 年从负责岗位退下后,真感到无官一身轻,一方面好好地锻炼身体,充分利用岳麓山的天然环境,坚持不懈地进行爬山活动,过着有规律的生活。另外,我还得以全身心地投入学术研究,我们这一辈子,在学术上耽误的时间太多了,争取多活几年补上一些失去的时间,延长学术生命,努力实现我人生的学术梦想。我把退休后的日子,称之为我人生的后工作时期,我在岳麓书院度过了我的后半生,这是我人生中最有意义的日子。

第七章　学友记

中国古代社会朋友被列为“五伦”之一，即谓君臣、父子、夫妻、兄弟、朋友，朋友成为基本的社会关系。孔子曰：“有朋自远方来，不亦乐乎！”与朋友相会乃是人生的乐事。“他乡遇故知”，把在他乡相遇朋友与“洞房花烛夜”和“金榜题名时”相并提，认为这是中国人一生的三大喜事。

俗语说：“一个好汉三个帮，一个篱笆三个桩。”一个人的立业，除了自己的努力以外，朋友的帮助也是非常重要的。回顾八十余年的生活，我的人生立业，与学术朋友的帮助和支持是分不开的。

一、“岳麓山下三家”

在伦理学界流行着“岳麓山下三家”的说法，湖南师范大学唐凯麟教授名之为“法家”，中南大学曾钊新教授称为“道家”，而我则名之曰“儒家”。这“三家”之说，可能是指我们是伦理学研究上的志同道合的朋友，也可能是指我们三人性格上的鲜明特点。到底为何称我们是儒、道、法三家，至今我也想不清楚，但说我们是学术上的知己和朋友，这倒是事实。

我与唐、曾二位虽曾有过接触,但联系很少。我原在湖南大学马列主义教研室工作,很少参加校外的学术活动,有人说我伏在深山不出(我家正在岳麓山峡谷下),说我是老夫子。我与唐、曾二位在学术上的合作,是20世纪80年代初的伦理学研究使我们牵手在一起的,使我们结成了一生中永不弃的朋友。

众所周知,伦理学在新中国成立以后很长一段时间被视为伪科学,所有的大学,包括研究机关,将伦理学置于非法地位,伦理学研究成为一个禁区,无人敢涉足。"文革"结束后,迎来了科学的春天,一个又一个的学术禁区被打破,伦理学随之成为学者们耕耘的学术新园地。中国人民大学罗国杰率先在国内开启了伦理学研究。编教材,办学习班,原为不合法的伦理学研究,取得了合法的地位,蔚为一种学术新气象,在此开放的学术空气下,湖南的学者也坐不住了,跃跃欲试,继罗国杰之后,在湖南也开始了伦理学的研究。

唐凯麟教授即是湖南伦理学研究的发起者,我之所以成为"岳麓山下三家"之一,这是老唐牵手的,由于他的相邀,我们三人走到一起了。我虽已年过八旬,当年老唐来我家相邀的情形还历历在目。1982年3月的一天,那是一个晴朗的天气,春光明媚,气候宜人。从未来过我家的老唐由师大另一位老师杨金鑫陪同,来到寒邸,我当初第一反应是贵客临门,必有其事。心直口快的唐老师不等杨老师介绍,直奔主题,道明来意。他说"我来你家,想邀你和老曾等几位同志合作撰著一部马克思主义伦理学原理的著作",并说:"我知道你是著名史学家侯外庐的学生,但你伏在深山不出,少有机会与你接触。"说到这里,老唐转身向老杨会意,加重语气说:"湖南的学者应有所作为。"说着说着,停下口气,双目注视着我,似乎看我的反应。老唐的诚挚相邀打动了我的心,学术本是公器,并无私有,繁荣学术是学者们共同的责任与使命,老唐上门牵手相邀,这很难得。在老唐说话之时,我频频点头,表示赞同。由此,我和老唐、老曾走到一起了,“岳麓山下三家”之说由此而来。

撰著马克思主义伦理学原理,对我们来说完全是一件很陌生的事,一切都要从头学起,参考资料仅有罗国杰主编的一部伦理学的教材,除此以外,别无材料可借鉴。虽然如此,大家都没畏缩。在老唐主编的主持下,组织九个人的科研团队,进行协作分工,六人分别担负一章写作任务,我和老唐等三人,分别担负二章的写作,限定在 1983 年交卷出版。虽然九个人来自不同单位,但都有一个很好的团队精神,积极主动,不分任务轻重,不分难易,相互切磋,以诚相待,顺利地按时完成了任务,撰著由湖北人民出版社出版,被许多高校采用为伦理学教材,成为我国第二部伦理学原理的著述。在这一伦理学编著过程中,我和唐凯麟、曾钊新有密切的往来,加深了相互了解,在伦理学研究上已为同道人。

大概在一年之后,在唐凯麟的倡议下,我和唐凯麟学友又开始了第二次的合作,编著《伦理学纲要》。仍如前一部伦理学著作,我们二人担当了主要的写作任务。1985 年,由湖南人民出版社出版,这是国内第一部中国与西方的史论相结合的伦理学著作,成为被高等学校文科采用的又一部伦理学的教材。

经过二次合作与学术上的往来,我与唐凯麟、曾钊新成为至好的学友,亲密无间,学术上同道,工作上彼此支持。为了湖南伦理学研究的开展,我们都以为应争取将全国第二个伦理博士点布局在湖南。我和钊新都认为,这个点应落在湖南师大。当时湖南师大与湖大、中南工业大学相比,有一个很大的优势,师大是文理兼备的大学,有文科作依托,基础比我们好,湖大和中南大学则是理工科大学,没有文科可依托。因此,湖南要获得博士点,当应以湖南师大作突破点。我记得为此曾在我家开会协调,为了不分散力量,钊新放弃了他们学校领导准备单独争取伦理学博士点的计划。我与钊新表态全力支持老唐的工作,并乐意应聘湖南师大的兼职教授,钊新还一度计划调离中南工大到师大任专职教授。我们三人虽在不同的学校、不同的岗位,但我们的心冷暖相同,心心相照,俨然成了同心而不同身的三个人。

我和唐、曾二位走到一起,虽共同合作研究,但我们在学术上彼此尊重,遵循学术自由,从无门户之见,我们三人在"文革"中都受过打压,对那些自称是马克思主义者,却对不同学术意见者动辄就打压的人感到十分厌恶。曾钊新同志在人性论研究上颇有心得,发表了一系列的论文,引起了学术界的注意。但他的人性论的观点,为湖南学术界某些自称是马克思主义者的学者所不容。我和唐凯麟同志在人性论问题上,与老曾有不同看法,有分歧点,我们都认为这是学术上的争论,应该实行民主,准许争论,"文革"时把学术问题作为政治问题打压的日子再也不复返。我与老唐有一个约定,我们可以不同意老曾人性论的某些观点,这是正常的学术上的问题,但绝不参加对老曾的批判,应该保持知识分子的良心,绝不昧心而做伤害朋友的事。

回顾以往我与老唐、老曾在伦理学研究上愉快的合作,促使我走上了中国伦理史研究的道路。在此之前,我的老师侯外庐曾指出,中国古代先哲不像西方哲人,具有贤人的作风,特别注重人生论、道德论、政治论在研究中国传统文化中必须注意此特点。但老师的教导并没有引起我足够的注意,加之伦理学在当时还处在非法地位,更没使我多想。与老唐、老曾的合作研究引发了我对伦理学研究的兴趣与关注,我开始对侯外庐先生关于中国古代先哲贤人作风思考,从而使我将人生论、道德论、政治论,正式作为我中国思想史研究的重点。我的《儒家伦理哲学》《中国德育思想研究》《社会理想志》,以及晚年所作宋明理学伦理思想研究的三部专著,都是在此思想指导下完成的。我为中伦史研究可谓耗尽了大半生的心血。我在20世纪80年代之所以迈开中国伦理史研究的第一步,是学友唐凯麟为我提供了一个机会,如果没有唐凯麟上门相邀,没有与唐、曾二位合作研究的第一步,那么很难设想我当时会自觉地走上第二步,即研究中伦史的第二步,更没有我晚年进一步从中国古代文明起源路径寻找中国传统文化以人伦为本位的本源。往事虽然过去几十年,今忆及我在中伦史研究上一步步地走下去,这应当感谢当年学友老唐的相邀。

几十年来,我和唐凯麟、曾钊新二位学友往来密切,彼此关心,相互提携。老唐研究所的重要活动,不管是学术活动,或是研究生答辩,我几乎从不缺席,久而久之,老唐的学生知道我们的友情,不管是博士和硕士,不少学生也认我是他们的老师,常进出我家,谈学术,谈人生,谈时事,几乎无所不谈。至今,还有唐老师的学生与我有联系,我和老唐的友情已影响到后一代。

我和老曾也经常有往来,常常是我去他来。我平时很少外出,女儿在湖大工作,居住仅二里之遥,但一年到头,难去一次。至于逛街去商场,几乎一年也难有一次,书院称我为老夫子。但对老朋友曾钊新我却例外,年年都去他家,彼此推心置腹,所谈涉及学术、人生和时事。除此以外,常常通电话、问安。我老伴离开,他与其爱人来我家探问,表示慰问。令我想不到的是,好端端的一个贤嫂,在此四年后,永久离开了她最亲的人老曾。我们二人都遭同样的不幸命运,但我们都能面对现实,从工作和儿孙中找安慰,对生活如像当年一样充满了热爱,精神上相互支持,并没有因老伴的离去而倒下,我们要好好地活着,我们一定要等待梦寐以求的伟大中国复兴梦的实现。

几十年虽只是历史一瞬间,但给我们留下了美好的回忆。我们三友牵手走到一起,为了一个共同目标——建设伦理学学科而尽心尽力。老唐在伦理学原理以及中伦史的研究上都做出了特殊贡献,老曾的道德心理学别具一格，是伦理学的创新研究，我在儒家伦理，特别是宋明理学伦理思想做了比较系统的研究，填补了中伦史研究中若干空白，研究各有自己的侧重点，显示了各自的风格。学界把我们三人视为湖南伦理学的奠基人，这是对我们的鼓励和鞭策，我们只是做了我们应该做的事。2014 年 12 月，中国伦理学会会长万俊人在湖南伦理学会议上致辞说：老唐、老曾和我构成了当今湖南伦理学的湖湘学派，我听后不甚汗颜。我在 20 世纪 80 年代曾著有《张栻与湖湘学派研究》，这是学术史上第一次对南宋湖湘学派研究，我深知湖湘学派对千年湖湘文化的深远影响。唐、曾二位确有出彩人生，把我与当年湖湘学派相比论，我深感自愧。“岳麓山下三家”之说，只是表明我和唐、曾二位各有自己的性格，老唐性格豪放，斯文伴有锋芒；老曾性格洒脱，自由不羁；人家说我性格拘谨温和，有夫子气。这不同的性格，也许是我三人被称法、道、儒三家的由来。我们三人虽有不同的鲜明性格，但志同道合有似金兰，这倒是极为难得。

二、不忘的友情

友情是指朋友之间结下的情谊。友情似一道光，使人得到温暖，也使人认出了自己的人生。自古以来，有许多对友情的赞美：“友情在为你矜持，友情在给你温暖，友情在陪伴你的人生。”确实，在人的一生中少不了友情，没有友情的人生，就像离群的雁，变成孤独的人，这是人生中的最大悲哀。

在我的人生中，最感庆幸的是，得到许许多多的朋友的温暖，虽然大多朋友远隔一方，甚至有的朋友已作古，但友谊的力量冲破了时空的阻隔，时时在我身边，令人难以忘怀。在此时刻，我不禁回想了学术上的朋友黄宣民的深厚的情谊。黄宣民是中国社会科学院历史研究所的研究员,我们于1959年认识,同是著名史学家历史研究所所长侯外庐的学生。他原毕业于中山大学历史系,性格温和,虽是江西萍乡人,能说流利和很标准的普通话。他是一个很有情趣的人,喜欢打篮球,会拉二胡,也喜爱京剧。我们同在一个办公室,同住一个单人居住的八号楼宿舍。黄宣民身体不是很好,从小时起就患上了支气管炎,但为人乐观。

我们两人虽是同门,但真正走到一起则是在学术研究上。在20世纪60年代初,在侯先生的指导下,我们合作撰著了义和团反帝斗争的论文,在1960年《历史研究》发表,同年,我们又合作著述中国早期改良派对封建文化思想批判的论文,1961年在《新建设》(后改为《中国社会科学》)发表。这两篇文章都是我们初始发表论文。当时学术界流行发表论文不用个人签名,黄宣民采纳我的意见以"史思群"的名义即是以历史研究所思想研究室群众的名义发表。不久,我和宣民又接受一个任务,担负郭沫若主编的《隋唐时期文化思想》部分写作的任务(我只参加初稿,"文革"结束后才由黄宣民最后完成)。三年多学术上的合作研究,留下了许多不忘的记忆,我们相处的年月,正是我国经济最困难时期,生活极为艰苦,虽然单位有意安排大家休养生息,但我们两人不分白天黑夜工作,几乎夜夜伏案灯光下,黄宣民几次支气管炎发作,吐血,身体消瘦已极,但他带病坚持工作的忘我工作精神,使他终年不永,过早地离世了。

我和宣民,彼此尊重,我们都过着单身的生活(都与妻子各在一方),彼此照顾。深夜工作饥饿时,我们同去东单吃稀粥,有时我们轮流坐庄,去北京东安市场内湖南奇珍阁吃米粉和豆豉辣椒。有时同去戏院观看京剧。我记得1960年,由京剧院青年演员演出《杨门女将》,我们以为演出甚为成功,连续看了两场。在学术上,我们各抒己见,又悉心倾听对方意见，写作时，共同讨论提纲，分头写作，然后二人共同研究汇总，汇总稿一般经历三次，最后定稿。关于义和团的论文由我定稿，《改良派对封建文化批判》一文，最后由宣民定稿，合作得非常愉快。我们互为知己，谈人生、谈学术、谈家庭，亲密无间，无所不谈。我们虽无古时的八拜之交，但我们却成金兰契友、离不开的兄弟。

岁月悠悠，三年多的岁月，终于使我们分开。“兄弟分别倍感伤”，在分别时，我们惜别依依，北京的三月不像南方，春天晚到，天空雾气茫茫，有几分寒意。宣民和思想研究的唐宇元、步近智等几位同志到北京新火车站送别，三年的同窗就此分手了，令人惆怅。

“文革”时期，我和宣民虽南北睽违，但彼此相互担心，常有书信来往。宣民饱含伤情地告诉我，我们的老师侯外庐先生受造反派的迫害，关进牛棚，跪在玻璃碎片上挨斗，两腿膝盖鲜血淋淋几次晕倒。又告诉我我们的好学长、佛学专家杨超被迫致死。“文革”碎片信息纷至沓来，使我们对“文革”产生了恐惧，这是促成我绝不当造反派的诱因。知识分子是时代的良心，一定要保持知识分子的正直感。黄宣民与我并无约定，他在十年的“文革”中坚守了一个正直知识分子的人格，对老师的遭遇虽无力救助，但充满了同情，可谓是“路遥知马力”，“文革”的荒诞日子，我进一步认识了我朋友的心。

随着“文革”结束科学春天的到来，我与宣民的接触更频繁了。他很关心岳麓书院文化研究所的工作，他是思想史研究室主任兼外庐老师的学术秘书，把我主持的岳麓书院文化研究所看作是他的家，无私地、全力地给予支持。他帮助我们办全国性的宋明理学的讲习班，与我的老师和外庐老师的战友著名学者邱汉生先生来书院讲学。邱先生年近六十一失明，手拄拐杖，行走艰难。虽然如此，千里迢迢来书院讲学，晚上备课到深夜，白天讲学，极为劳累和辛苦。不仅如此，他抽出时间，接待来自四方的学子，为学子们解惑析难，充满了对晚辈的关怀。宣民虽然工作忙，但他抽出时间南下书院，陪邱先生讲学两天。邱先生和宣民来书院讲学，没有任何经济上的报酬，完全是出于对朋友与学生的支持。这次讲学活动，标志着久被历史尘封的千年学术殿堂的大门被打开，迎接久违的学者，开启了书院迈向再造历史辉煌的道路。

学友黄宣民对我工作的支持，可谓是不遗余力，有求必应。有一件事至今我印象还特别深，这就是帮我提供到北京阅读历史资料的机会与条件。20 世纪 80 年代，我把张栻与湖湘学派列入我的研究课题，苦于资料缺乏，无法开展。我想利用暑假到北京查阅资料。我这一想法很快得到了宣民的支持，为了解决我的住宿，他费尽了心思。"文革"结束，历史研究所住房很困难，办公室作宿舍用，宣民与我的同门卢钟锋等人，在办公室安家，办公室既是卧室，又是办公室，住房十分困难。为了解决我的住宿，他特把思想史研究室一间房安排了一张床和办公桌作我的住室，并且还安排我到食堂吃饭和洗澡等事宜。1985 年暑期，我在北京待了一个半月，在宣民的帮助下，历史研究所图书馆为我查阅提供了极大方便，特别是历史所从港台购置的一大批新书尚未入库，本来不开放，但考虑我来自远地，准许我入内查阅资料。如《南轩易说》，我查遍北大、国家图书馆都未找到，但在历史所查到并得以复印。一个半月里，我和宣民同住在历史研究所办公楼，朝夕相处，切磋学术，仿佛又回到了当年同门时的情景。宣民对我如挚友，对我的学生倍加爱护，在书院和北京，经常与我的学生在一起，学术上给予悉心指导，关心学生的成长，给我的学生留下深刻的印象，学生们都把他作为亲近的老师，常常忆及。想不到的是，他刚过六旬就被病魔夺去了生命，噩耗传来，我为失去了一位知交而伤痛，我去北京再也见不到故交了，这使我很长一段时间不愿去北京。今天，我与宣民虽阴阳相隔，分别在两个不同的世界，但他的言容面貌犹在，在我的心中常常充满了对他的回忆。

我的一生中永不忘的还有几位学友，这就是李学勤、张岂之和唐宇元。他们同是侯外庐先生的学生，李、张又是我的学长，是我最真挚的学友。李学勤是史学界著名的学者，中国社会科学院历史研究所的所长。我们相处几十年，始终亲密无间，互为知己。他同宣民一样，也把岳麓书院看作是他的家，把我的工作当作他的工作，无论在学位点的建设还是在研究生共同培养上，或是学术研究上的合作，他都倾注全力，始终不渝地给予我支持。其中最使岳麓书院同人们感动的是，在图书资料上给我以全力的支持。岳麓书院作为一个研究机构，最大的困难是图书资料缺少。即使有经费，有的资料也无法购置到。如书院史资料，非常分散，很多见诸地方志。书院史资料的收集与编写，被列为“八五”国家重点图书的计划，是书院研究的中心工作之一。这个工作得到学勤的大力支持。为此，我们组织了以邓洪波为首的五人小组，专赴北京中国社科院历史研究所藏书丰富的图书馆查阅书院史资料。学勤当作自己的事一样做出了周密安排，打破常规，准许我们自由地进入图书馆，准许复印历史资料，经过几天的紧张的工作，我们获得了大量的稀有的书院史的珍贵材料，为我们完成三卷本达二百余万字的国内第一部中国书院史资料的汇编奠定了基础。岳麓书院之所以成为全国学者公认的书院资料中心和研究中心，与学勤的支持是分不开的。学勤虽然退休后去清华大学，仍如往日一样，关心书院的工作，几乎有求必应，教育部由他牵头的 2011 协同创新工程就包括了岳麓书院在内。虽然年迈，总挂念着岳麓书院。仍如 20 世纪 50 年代一样，他始终关心着学弟，不断地惠及于我，而我却无从报答，这样的朋友，举世难找。

张岂之同志，也是我一生的好友，回想 20 世纪 50 年代，我与岂之相交往事一幕又一幕展现在眼前。那时，他虽在西北大学任教，但他在历史所兼职，是侯外庐先生的得力助手，为撰著《中国思想通史》第四卷上下册，他大多时间在北京。他和我同住社科院八号楼宿舍。他性格温和，平易近人，有幽默感，晚饭后，我们经常出外散步，北京新火车站即现在的北京站至建国门外的使馆区，常是我们散步的地点。1959年，中共党内开展反对右倾机会主义的斗争，政治气氛很紧张，当初，我很担心老师侯外庐先生挨批。但岂之遇事沉着，观察敏锐，他告诉我，外庐老师是一个学问家，处事极慎重，看不准的事从来不乱说，反右倾是党内的大是大非的问题，外庐老师一定能把得住关，不会有什么大事。事后正如岂之所分析，外庐老师只是在党内作了自我批评，并无大事。岂之在政治上有敏锐性，有知识分子强烈的忧患意识，对朋友充满着信任，是我政治上的至交。无论在何地遇到他，我们总是推心置腹无所不谈。

说起唐宇元，已多年不见，至今还包括我的一些学生在内，在脑子里还留下深刻的印象。唐宇元是江苏人，南京大学毕业，中国社会科学院历史研究所研究员，岳麓书院兼职教授。唐宇元是我一生中的最好的学友之一。他为人木讷，不善交谈，但他潜心学术，几乎足不出户。每次去北京，都约我去家讨论学术，每次都是一整天。我们讨论最多的是中国伦理史的问题，他曾应台湾出版社约稿，出版了一部中国伦理史。在中国思想史研究上，有独到见解，宋明理学史元代部分几章，都是他执笔写成。北京大学张岱年教授对我说，唐宇元的文章他必读。唐宇元在文风上，在侯门弟子中，近似于外庐老师的风格。

宇元作为一个学友，他对我的著述几乎一一必读，并且一一向我谈及他的心得。在我以往著作中（宋明理学伦理思想几部著作，他因中风未曾阅看），特别对《张栻与湖湘学派研究》《儒家伦理哲学》以及《中国德育思想研究》等，给予了很高的评价，并且表示仔细阅读完后，写一系列文章给予评论（如他夫人说，已开始写作时病倒了）。宇元是一个热心肠的人，关心我的学生，不少学生进京，他在家接待，悉心指导，在我的学生中留下了深刻的印象。宇元长期专心学术，不爱体育运动，生活上也极不讲究，想不到小我几岁，他竟然于2006年中风不起，2012年，我去探望，他身体消瘦，脸部下垂，语言障碍，说不上话，见到老朋友，他泪水满腮。我已失去了老朋友宣民，面对宇元的病况，颇使我伤感。希望他在医生的治疗和贤妻的悉心照顾下，最大可能地减轻病痛。

附　录

在陈谷嘉老师八十华诞暨学术思想研讨会上的发言

唐亚阳

2013－5－5

敬爱的陈老师，尊敬的各位师长：

各位师姐师兄师弟师妹，各位朋友：

大家周末好！

今天是一个特别喜庆、特别晴好、特别有意义的日子，我们书院的师生和朋友们欢聚一堂，共同学习研讨我们敬爱的老师、中国思想史学家陈谷嘉老先生的学术思想。尤为高兴的是，后天又恰逢陈老师的八十岁生日。作为弟子的我，首先诚挚地祝贺恩师生日快乐！福如东海长流水，寿比南山不老松！同时借此机会，衷心地感谢恩师对我的悉心培养和谆谆教诲！师恩浩荡，泽被终生，没齿难忘！为了能够比较准确地表达自己的心情，请允许我照念稿纸，时间也有点长，敬请大家谅解！谢谢！

在陈老师八十华诞之际，在书院文庙的明伦堂，召开这样一个以书院师生为主体的学术思想研讨会，是我积极倡议和十分期待的。

这一方面是因为，陈老师既平凡而又极不平凡的一生，在很大程度上，可以说是其自然生命与学术生命完美结合的生动体现。诚然，自然生命是学术生命的根本前提,亦是人类个体所有生命源泉的唯一物质基础,而第一、第二……第 n 春的学术生命的持续旺盛,却会出人意料地不断地给自然生命注入新的神奇的活力,驱动着自然生命的不断延续,并让人的生命迸发出令人炫目的光彩。人们赞美某个人常会说:越活越年轻、越活越精神、越活越有意义。我想就应该是这样一种生命的状况与境界。

我们敬爱的八十高龄的陈老师,呈现在大家面前的就是这样一种可亲可爱可敬、精气神合一、生命活力持续迸发的人生景象!大家都知道,陈老师这一生可谓终生与学术为伴,视学术为生命,学术是他生命当中必不可少的极其重要的组成部分。他一生为人师表、诲人不倦,著书立说、笔耕不止,成果丰硕、精彩无限。陈老师的道德文章有口皆碑,堪称一代大师!但我们也都知道,近年来,陈老师的家中相继发生了一些巨大的变故:2006 年,相濡以沫半个多世纪的老伴不幸辞世,还不到两年,年仅四十出头的唯一男儿又被病魔无情地吞噬。老年丧妻失子,陈老师遭遇了人生不幸中之最大不幸!此情何以堪?此心何以堪?我实在无法用言语来表达,而只能试图以苏轼《江城子》所描绘的那种、人身体的一部分突然被切掉时、完全超乎一个正常人极限所能承受的、心理学上称之为"人类真正的痛"来形容:十年生死两茫茫。不思量,自难忘。千里孤坟,无处话凄凉。纵使相逢应不识,尘满面,鬓如霜。夜来幽梦忽还乡。小轩窗,正梳妆。相顾无言,唯有泪千行。料得年年肠断处,明月夜,短松冈。古稀老人遭此"人类真正的痛",如何承受?今后的日子如何度过?关心的人们无不为之担忧和揪心。然而,令我们意想不到而且特别欣慰的是,在饱受如此沉重的人生打击之后,陈老师却以其超乎常人的非凡毅力顽强地坚挺下来了!而且至今依然保持着与同龄人很不一样的尚佳状态,实属难能可贵、精神可嘉,真是人生不易中之最大不易啊!对此,大凡知情人无不惊叹并感佩于陈老师坚忍的意志力和顽强的生命力。也有不少的人在不断地追问着个中的奥秘与原因,我也不时地在思考着这个问题。我想,原因肯定是多方面的,既有亲情友情的支撑,又有自然生命的本能,还有老师个体的特质等等,但我认为其中一个最不容忽视的重要原因就是,近年来陈老师更是把全部的精力和心血投入到了自己毕生所钟爱的学术事业,夜以继日,埋头伏案,以祈求在学术研究中寄托情感、汲取能量、完成夙愿。我曾记得陈老师多次提及:无论如何我要坚持完成《宋明理学伦理思想研究》等几本书,因为这是对你师母生前的承诺!真是永远的承诺,永远的爱!去过陈老师家的朋友也许还会注意到,在陈老师书房兼卧房的窗户上,悬挂着一幅由陈老师亲自撰写的对联:破卷古今消永日,临窗昏晓送流年。我想,这既是陈老师对其学术人生价值的孜孜不倦的自觉追求,更是陈老师一诺千金、数十年如一日的学术人生经历的真实写照和学术人生理想的忠实践履!今天,我们以召开学术思想研讨会的方式来为陈老师八十华诞拜寿,无疑应是敬献给陈老师的最好、最恰当的生日礼物和生日祝福!我也由衷地感谢大家的积极参与。

各位老师、各位同学,我之所以在陈老师八十华诞之际,积极倡议和十分期待,召开这样一个以书院师生为主体的学术思想研讨会,另外一个重要的原因是,我们每一个从书院走出来的学生内心里都有一个很深的书院情结,都非常期望书院传统文化不断地发扬光大,用现在最时尚、最新潮的话来说,就是要在提升文化软实力、实现中国梦的伟大进程中发挥书院传统文化更大的作用。然而,无论是文化的大力弘扬还是文化作用的充分发挥,都无不首先依赖于文化的传承,对此古今中外概莫能外。因为,文化在其本质上就是以文化人,亦即教化人、熏陶人、塑造人。人既是文化的创造者,又是文化的创造物。诚如《易经》贲卦象辞所言:"观乎天文以察时变,观乎人文以化成天下。"

这里所谓化成天下,我认为就是一个化人、育人的过程,一个引导人们向善、促进社会向好的过程,一个传递文明、继承文明的过程。如果说,历史的断裂在某种程度上会让人类忘记自己是从何而来的话,那么文化的断裂则不仅会让人类忘记自己从何而来、为何而来,而且必将导致人类不知道自己往何处去,为何而去,甚至会倒退到茹毛饮血的蛮荒时代!

中国古代独特的教育组织形式书院自唐末创建以来,就高度重视文化的传承,并且在传承中华文明、弘扬中华文化的历史长河中堪称独树一帜、功不可没。我们在座的各位,也许大都会有类似的亲身体验,当我们在向客人介绍岳麓书院时,时常会明显地体会到:游客们那种自然流露出来的——我们内心感受一样的——对书院的崇敬和赞叹!我们也许还会时常碰到,不少的游客会情不自禁地与你探讨这样一个大家共同关注的深刻话题,即:古老的岳麓书院为什么会持续保有如此穿越时空的无限魅力?我想,我和大家最愿意、最自豪回答客人的一定是书院的文化,是书院那种沉淀在历史中、涌动在血脉里、融合在空气中的世代相传、历久弥新的独特文化!而书院文化的这种独特性又首先体现在它的传承性,因为书院的出现本身就是以传承文明、化育人生、教化社会为其根本使命的。就拿我们非常熟悉的,堪称士人精神家园和湖湘文化圣殿的岳麓书院来说,在其千余年的办学历史中一直弦歌不绝,不断涌现出了一代又一代"铁肩担道义,妙手著文章"的各类知识群体,如宋代理学派、明代心学派、明清实学派、清代汉学派等,而近代以来这种情形更为突出,比如经世改革派、洋务运动派、维新变法派和早期共产主义者等等。如此堪称奇迹的历史盛况,仅岳麓书院所独有,究竟为何?刨根问底,这就不能不归结于书院文化的传承。而书院文化传承最独具特色的地方,就在于形成了以师生同门为主体、以学术学问为志趣、以大师先贤为核心、以学派学统学脉为纽带、以传道济民为目标的书院文化传承模式，这种传承模式开创了岳麓书院学脉绵延、人才辈出、学术繁荣、文化发展的生动局面，成为中国古代办学乃至世界教育史上的佳话。

今天，我们借陈老师八十岁生日之际，召开学术思想研讨会，据说这在书院以自己的老师为对象还是建国以来第一次，有了第一次，我们更期待第二次、第三次。因此，这次研讨会不仅是对陈老师生日的诚挚祝贺和对陈老师学术思想的学习研讨，而且更为重要的是对书院优秀文化传统的继承，特别是对书院传统文化特有传承模式的继承，并以期在传承创新的基础上，进一步形成与时俱进的更为优良的书院学术文化生态环境；以期在对书院优秀传统文化更加自信、更加自觉的基础上，实现书院文化在更高层次、更大范围、更高境界上的新的自强！我们共同拭目以待！

各位老师、各位同学，在今天这样一个特别的日子、特殊的场合里，我除了想表达以上一些意思之外，还想耽误大家一点点时间说说一个形象丰满的、立体的陈老师。

对陈老师的认识与评价，也许不少的人只会认为陈老师是一个“两耳不闻窗外事，一心只读圣贤书”的老学究、老夫子形象，比如湖南师范大学的唐凯麟教授就常说陈老师是一个“伏在深山不出，与世无争”的人，伦理学界一些上了年纪的人也都称岳麓山下有“三老”：法家师大的唐凯麟老先生、道家中南的曾钊新老先生、儒家湖大的陈谷嘉老先生。我想，这些看法与评价都不无道理，陈老师也应该只是笑笑，不会发表什么意见和看法，但我更认可和推崇中国社科院伦理学研究所陈瑛教授的评价，他说陈老师是一个“心态乐和，颇有理学家气象”的人。理学家的气象是何种气象？在座的各位大多是学习研究中国思想史的，对理学家的气象都有较为深刻的理解，我学习思考有限，只好收集了一些学者形容理学家气象的词语来表达心中的意思，譬如:光风霁月,心胸洒落;圆融浑厚,从容舒泰;胸襟悠然,万物同流;豁达开朗,如坐清风;含蕴深厚,融通古今;爱生如子,于己无求;亲民廉洁,情操高尚;责任担当,忧国忧民;圣贤气象,大儒风范。

关于理学家的气象,朱汉民老师还专门撰文论述了魏晋“名士风度”与宋明“圣贤气象”的思想脉络,认为“圣贤气象”兼有社会责任与个人自在、忧患意识与闲适心态、道义情怀与洒落胸襟等人格特征。故而即表现出他们忧患天下的人文关怀、经世济民的社会责任;同时又包含着士大夫的个体价值意识的兼容,表现出对个体心灵愉悦的追求和对自我精神安顿的关注。

我很自豪地说,我的老师陈谷嘉老先生就颇具这种理学家的圣贤气象!对此,我不想再用什么词语来做更多的具体的描述和赞美,而只是想借此机会,说说这样一个小故事。20世纪90年代初期,学校因多种原因曾想把校机关搬到书院办公,而当学校正式提出这一想法时,平素一向温文尔雅的陈老师为了维护书院的合法利益,当然也是学校的整体利益,居然与学校公开叫板,毫不退让!后来学校了解实情后不得不改变了想法并收回成命,时任校党委书记的刘光栋同志还应陈老师之请亲自到书院说明解释情况,由此一事足见陈老师理学家的圣贤气象。如要想更多更深地了解陈老师,还可从一直悬挂于陈老师客厅中的清代名臣陶澍“要半文不值半文,莫道无人知者;办一事须了一事,如此心乃安然”的座右铭来体会。我从中体会到的是陈老师重义轻利的人生观念,一丝不苟的人生态度,知行合一的人生实践,高风亮节的人生境界。当然,我们的陈老师,还是一个每天不落戏曲的老票友,一个从小就怀有文学梦的文学爱好者,一个掌握着红烧肉烹饪秘籍的业余厨师,一个十分睿智幽默的、极具亲和力感染力的长者。我好几次在请教陈老师的时候,陈老师往往会用他那特有的不紧不慢的宁乡话说,“小唐啊,么子事?你又来搞废物利用了?”有时还开玩笑说,“现在你们年轻人要求搞三化,我们老年人也有三化啰:一是思想僵化,二是血管老化,三是很快就要火化了。”这就是我们身边的实实在在的陈谷嘉老师!

各位老师、各位同学,《荀子·礼论》中说:“上事天下事地,尊先祖而隆君师,是礼之三本也。”又说:“天地者,生之本也;先祖者,类之本也;君师者,治之本也。”现在农村许多地方依然还供奉有“天地君亲师”的神龛。因此,祭天祭地是报本,尊师重教也是为了报本。因为,如果说教育是文化文明圣火传承的基石,那么老师则是高高擎起这文化之火、文明之火的最主要的火炬手!

谨此,祝全体老师身体健康,工作顺利,阖家幸福!祝敬爱的陈老师生日快乐!健康长寿!

谢谢各位超强的耐心!谢谢!

(发言者是中共湖南大学党委副书记)

试评陈谷嘉先生伦理学术思想[①]

唐亚阳　刘莉萍[②]

今年是著名宋明理学研究专家、湖南大学岳麓书院资深教授陈谷嘉先生的80寿辰。自1959年于武汉大学历史系毕业后，陈先生从事中国传统文化研究已逾50载。回顾陈先生的学术研究，可大致分为中国伦理思想史、湖湘文化、书院文化三个研究领域。出版的专著主要有:《宋代理学伦理思想史研究》《元代理学伦理思想史研究》《儒家伦理哲学》《岳麓书院名人传》《张栻与湖湘学派研究》《湖湘学派源流》(与朱汉民合著)、《中国书院制度研究》(与邓洪波合著)、《中华文化通志·社会理想志》《中国德育思想研究》(合著)、《伦理学纲要》《马克思主义伦理学》(合著)等。主编《中国书院辞典》《中国哲学》第15—20辑、《书院研究》《书院文化研究》《中国书院史资料》上、中、

---

① 教育部人文社会科学研究专项任务项目“大学生社会责任感的内涵及其培养机制研究”(13JDS22023);湖南省社科基金一般项目“中国梦与大学生思想政治教育”(13802);国家社会科学基金项目“王阳明道德哲学与儒学人文信仰的建构”(12FZX018);湖南省社科基金项目“儒学人文信仰与当代中国文化建设研究”(12YBA077)。

② 唐亚阳,湖南大学马克思主义学院教授,博士生导师。刘莉萍,湖南大学马克思主义学院助理教授。

下集。在《中国社会科学》《历史研究》《中国史研究》《光明日报》《人民日报》《中国哲学》《孔子研究》《中国文化研究》《求索》等杂志以及日本东京伦理研究所的期刊上,发表论文百余篇。1992 年被原湖南大学主管单位国家机械工业部评为有突出贡献的专家,同年享受国务院特殊津贴,1993 年被评为湖南省优秀理论工作者,1998 年被湖南省人民政府授予湖南省荣誉社会科学专家。

陈谷嘉先生著述涉及伦理学、哲学、历史诸多方面,其中国伦理思想研究是其学术最具特色的方面,可谓倾注了他一生中大部分的精力。中国文化是一种伦理型文化,但中国伦理思想史的研究很长一个阶段从属于中国哲学史研究,没有独立的学科形态,局限于对中国文化的哲学史阐述和以哲学概念为解析框架的研究范式。陈先生在中国伦理思想史研究上独辟蹊径,和老一辈伦理学家一起开辟了中国伦理思想史研究的新方法、新角度,其在中国伦理思想研究领域的学术贡献已为众多学者肯定,他的四部伦理学著作都被学界认定为改革开放三十年中国伦理思想研究的重要成果。诚如中国人民大学哲学学院焦国成先生在其《改革开放三十年来的中国伦理思想史研究》《道德与文明》(2008 年第 5 期)一文中指出:“在断代史的研究中,陈谷嘉先生的《宋代理学伦理思想研究》对宋代理学的核心伦理概念进行了深入而独特的阐释。”他在梳理改革开放三十年来以学派和人物为主题的代表性研究成果中亦提到陈谷嘉先生的《儒家伦理哲学》;在梳理改革开放三十年来以专题和范畴为主线的代表性研究成果中又提到陈谷嘉先生的《中国德育思想研究》。《中国哲学年鉴(1999)》将该著作收录,作为本年度哲学研究有代表性的研究成果作了推介,评价该书对中国历史上的思想家、著作、学派的研究剖析“全面系统”,对中国德育思想资源进行了“系统挖掘”。同样,《中国出版年鉴(1999)》也把《中国德育思想研究》作为本年度出版的具有重要影响的学术著作作了选介,指出该书“是一部对形成真正意义上的德育理论系统和概念系统具有推动作用的开拓性著作”。中国人民大学肖群忠教授在其《中国伦理思想史研究的回顾与展望》(《道德与文明》2011年第1期)一文,在学派伦理思想研究方面,提到陈先生的《儒家伦理哲学》;在领域、问题与专论研究方面,特别提到陈先生的《中国德育思想研究》;在断代史研究领域,着重指出值得关注的有三本书,其中两本就是陈谷嘉先生的《宋代理学伦理思想研究》(湖南大学出版社2004年版),《元代理学伦理思想研究》(湖南大学出版社2010年版)。认为陈先生两部断代史的研究更是填补了学术空白,其学术独创性难能可贵。另外,在《道德与文明》《伦理学研究》、湖南大学学报(社会科学版)、《文汇报》发表的多篇书评,都对陈先生的伦理学研究给予了很高的评价,指出以上著作是伦理学研究的力作。

本文在上述成果基础上,尝试对其伦理学术思想进行系统梳理。笔者以为陈谷嘉先生伦理学术思想主要有如下创新点:

第一,从源头上揭示了中国文化特别是伦理学的特质。从源头上说明中国文化特质,不仅对中国文化研究具有特殊的意义,而且对中国伦理思想研究亦是必须探究的重大问题。中国伦埋思想诸多不同于西方的独特的理论形态及其特点,都必须从古代中国文明特殊路径的源头寻找。然而,对此重大问题,在很长一段时间没有引起学术界足够的重视,更没有形成具有真正意义上的中国伦理思想研究范式。有鉴于此,陈先生在这方面进行了大胆的尝试,除了在《儒家伦理哲学》作了探索外,近年来,他在《光明日报》连续发表了《打开中国历史的秘密——侯外庐关于古代中国文明路径说及其价值》《中国路径中的君子世界》《“皇祖有训”的发生学源头》等论文,揭示了中国文化缘起的源头,肯定和系统阐发了他的老师侯外庐在20世纪30年代亚细亚生产方式讨论中提出的极具影响的观点,同他老师侯外庐先生一样,也认为中国思想文化起步于"人惟求旧,器惟求新"的"君子世界",特别关注政治论、道德论、人生论,具有贤人的作风。古典的古代希腊、罗马则与此不同,其思想文化起步于"人惟求新,器惟求新"的"市民世界",特别关注财产的获取、自然的探究,具有哲人的气象。正是由于中国思想文化起步于"君子世界",具有贤人的作风,所以在中国古代社会中,道德受到特别关注,提到了"天理"的高度,以道德为人性,以道德为人的良知,道德几乎支配着人和人生的一切,中国古代文明中出现了一种泛道德主义的倾向。中西文化源头不同,注定中西文化的各自特色。陈先生认为中国文化尤其是儒学,以伦理为本位,这一特质的源头就在于中国文明路径。他说:"我从中国文明路径出发思考中国文化的特质,最后的结论又回到中国文明路径。"

陈先生认为儒家文化的核心体现为一种伦理精神,先生在《儒家伦理哲学》一书中写道:"无论从儒学的内蕴社会价值,即创造一种和谐、融洽、互济的社会环境和氛围,或是从其表现形式,即致力于社会和谐而提出的'仁、义、礼、智、信'的社会规范,都说明伦理思想是儒学的基本内容,构成儒学体系的核心组成部分。可以这样说,要了解儒家学说的真谛,首先必须把握其伦理思想体系。"儒家的伦理精神表现为:天人合一的宇宙伦理模式,仁礼统一的政治伦理模式,性善为本的人性论,重义轻利的义利观,真美善的理想境界,学思结合、反身内省的道德修养论。

陈先生进一步从源头上解析儒家文化的伦理特质,他认为中国古代文明路径决定古代文明的发展,突出表现在中国古代形成支配国家和社会生活中的宗法性伦理体系,此伦理体系有以下几个方面构成:其一,以维护血缘关系和等级特权的忠君孝亲始终是封建道德的基本原则;其二,正如家与国相结合一样,修身、齐家、治国、平天下相一致,由孝至忠,忠臣孝子一体的道德修养论;其三,维护血缘家族而以孝悌为核心的家规、家训和家教成了古代伦理道德体系重要组成部分；其四，反映在思想上始终以敬天法祖为中心。以“天人合一”为思维模式，从天人关系中探索道德的缘起及论证依附于宗法关系的伦理道德的合法性和神圣性。以上四个方面都不同程度地体现了伦理宗法性的特征。可以这样说，陈先生从中国文化的源头上揭示了中国伦理思想的特点，形成具有中国特色的伦理学的风格。

第二，从宏观上对儒学伦理思想发展作整体性的把握。这是陈谷嘉先生伦理思想研究的又一大特色。以伦理为本位的儒学，在中国古代社会延续了几千年，成为中华民族的重要精神支柱。但它具有什么样的发展脉络，每一历史时期的发展有何特点，如何紧扣时代脉搏而演变，经历什么样的发展阶段等等，这些都是伦理研究的重大问题。陈先生经过多年的研究，颇见功力地从脉络上梳理了儒学伦理思想演变的几个阶段：(1)先秦时期是孔子在综合和总结六经的基础上，创立了以“仁”为基石的儒家学说体系。其特点是建立了儒学的理论系统和概念系统，凸显了儒学的人学特色。(2)汉代是儒学走上政治化和社会化的时期，最大的特点是实现了儒家和法家的结合，这在儒学发展史上具有里程碑的意义，儒学被政治化，伦理纲常成为政治统治的权威理论。(3)宋代是儒学的变革时期，使单纯的政治学走上了与人学的结合，实现了儒学人伦道德的回归，儒能治国，也能治心，走上了外用与内用结合的历史阶段。(4)元代理学是儒学走上普遍化和通俗化的时期，儒学由书斋中的精英儒学走入了民间社会。严格地说，儒家思想随着元代中华多民族的统一，真正成为中华各民族的重要信仰，深刻影响到中华民族心理构成，广泛渗透到社会各个领域，影响到人们生活方式和人际交往方式，溯其原因都与元代推行儒学的通俗化、普遍化分不开的。(5)明代是中国古代社会大变动时期，也是儒学最重要的演变时期，“变”是儒学的特点。宋濂三变、王阳明三变、黄宗羲三变。儒学在“变”中最后向近代社会转型。以上儒学历史发展的脉络，分别在陈先生《儒家伦理哲学》、宋代与元代的儒家伦理学研究两本著作中做出系统的阐发，既显示了儒学发展的一脉相承的关系，又体现了儒学发展的阶段性，各个历史时期具有自己鲜明发展特色。从宏观上如此有功力地对儒学做整体性研究，似乎在学术界尚鲜见。

第三，陈谷嘉先生特别注重中国伦理思想研究领域的开拓。这在被学者们公认的填补元代理学研究空白的《元代理学伦理思想研究》中表现至为明显。长期被历史尘封的理学伦理学家如许衡、刘因、吴澄等进入了陈先生的视野，特别是哲学和历史研究几乎无人提及的理学家陈天祥也被列入元代“理学家伦理思想篇”，对上述理学伦理学家分章地做出了全面系统的阐发，揭示出元代理学伦理思想是儒学伦理思想发展的一个新阶段，即通俗化和普遍化的阶段，为元代理学家的贡献争得一席之地。

不仅如此，陈谷嘉先生《元代理学伦理思想研究》的“理学伦理普及篇”，一方面打破了文本研究的束缚，把研究视野投向社会和民间，极大地拓展了研究面，对历史上流传长远的二十四个孝子故事逐个作了剖析，揭示了《二十四孝》的伦理价值。另一方面，把研究的触角又伸向了元曲领域，从元代杂剧和散曲卷帙浩繁的材料筛选出三个著名的元曲伦理剧作剖析，揭示出深刻的伦理价值，开辟了伦理学研究的新天地，把伦理学研究扩大到文学艺术领域，形成了元代理学伦理思想研究的一道亮丽风景线，其研究具有开拓性研究领域的意义。

和元代理学伦理思想的开拓性研究一样，其《中国德育思想研究》也几乎把中国历史上的思想学派及其主要思想家的德育思想进行了挖掘和梳理，特别是长期排除在德育思想研究之外的玄学家何晏、王弼、向秀、郭象等，这极大地丰富了中国伦理思想的内容，显示出中国伦理思想多彩的风格。开拓性研究，要求作者既要有开拓的思维空间，也要有广博的学识，显而易见，陈先生的研究付出了极大精力。

与开拓性的伦理思想研究相伴随，陈先生对伦理思想资源挖掘也很重视，对文本即伦理学家本人著述的挖掘自不待说，对民间流传的材料特别是对考古出土文物所透析的伦理信息也极为重视。如在秦汉伦理思想研究中，把考古出土的《云梦睡虎地秦简》作为重要材料，多次引用。在研究《二十四孝》中，如《中原文物》刊载的《邙洛北魏孝子画像石棺考释》《重庆井口宋墓清理简报》等，也被先生作为重要的研究材料。先生为了印证其研究心得，还亲自到重庆大足石窟考察，实地研究重庆大足天宝山十五号石窟宣教南宋孝道“父母恩重经变像”的十一组雕像。又曾亲自考察了少林寺地藏殿壁绘制的“二十四孝图”，并收集到少林寺编纂的《二十四孝》本。正是陈先生对伦理资源的挖掘，令人信服地证明“二十四孝”经过了一个长期的演变过程，证明了看破红尘而出家的佛门同样奉行儒家的孝道，儒家孝文化成为中华各民族和所有宗教的共同的精神支柱。

陈先生在挖掘伦理思想资源的同时，还注意其文本和出土文物资料的考订，如对《二十四孝》何时辑成及何人所辑，说辞众多，陈先生令人信服地考订《二十四孝》为元代福建尤溪人郭居敬辑成。由于《二十四孝》最早版本无法确定，所以当今《二十四孝》流行几种版本，经先生考订，认为现藏北京师范大学图书馆的明代版《二十四孝》是一个较好的版本，并以此为据展开了对《二十四孝》的研究。这种对材料的考证，也经常体现在对古代一些伦理概念的认定方面。众所周知，忠和孝是中国伦理思想史最基本的概念。陈先生在《儒家伦理哲学》对此作了专门的考证，指出甲骨文已有孝字，但无忠字。《尚书·盘庚篇》只有“中”的记载，“中”只是“忠”的萌芽，还未出现忠字，忠是孝的延伸，即谓“孝慈则忠”。又如《韩非·解尧》中有：“失德而后道，失道而后仁，失仁而后义，失义而后礼”之句，作者将之与老子《道德经》相对勘，发现原来没有这四个“失”字。先生再据《说文》进行再考订，指出“失”即“纵”，“失，纵也”即指伸展之意，德伸展出道，道伸展出仁……此句意在阐述德、道、仁、义、礼五者相生相因的关系。类似的考订还表现在对古人的概念的诠释方面。孔子的“爱人”有不少作者往往从人的情感上以解其意，而先生却以“爱人”为伦理概念，认为“爱人”是指每一个人在自己人生中对他人负有尽道德责任和道德义务的使命，“爱人”犹乎俗语之“良心”意，先生认为只有如此释“爱人”才能深刻了解孔子“仁者，爱人”的人伦道德之义。又如对宋代理学家张载的“为天地立心”，长期以来似乎成为难解的哲学和伦理命题。陈先生在《伦理学研究》上发表的《论张载的“为天地立心”的伦理意义》，揭示立心即是立人，“为天地立心”即是赋天以道德属性。为天人合一的宇宙伦理模式作论证。诸如此类的诠释，在陈先生的伦理学著述中并不鲜见。

综上所述，无论是注重开拓伦理学研究领域，或是注重伦理思想文本之外的元曲和考古出土的资料的挖掘；无论重视古文字义的考证，或是对伦理原材料的鉴别等，都展示了陈先生伦理学研究的创新点。

第四，陈先生的伦理思想研究在方法论上也有创新。陈先生是第一个尝试从伦理学角度研究宋明理学断代史的学者，先生的“宋明理学伦理思想研究”是伦理学界第一个关于中国伦理思想史研究的国家社科基金项目。中国人民大学罗国杰先生是公认的马克思主义伦理学奠基人，他对中国伦理思想甚为关注。罗先生当时亲笔写信给陈先生，说对中国伦理思想的理论系统，几年都没有想清楚，都是按照中国哲学史的框框套，罗先生说他相信岳麓书院有能力、有条件在这方面取得突破。陈先生以《宋代理学伦理思想研究》《元代理学伦理思想研究》以及即将完成的《明代理学伦理思想研究》（共计一百多万字）

作为对这个课题的答卷,圆满回答了罗先生的期待。我认为,其意义已经超越简单的"宋明理学伦理思想研究",先生独辟蹊径,自成一体,不仅使中国伦理思想史摆脱了哲学史的论述框架,更突显了中国文化以伦理为本位的特质和价值,在方法论上具有创新的意义。

以个案和思潮结合研究,是先生研究所坚守的一个基本方法。先生的著作有着明确的问题意识,其研究把思想置于时代的发展过程之中,突出时代对思想的影响。把中国伦理思想史作为一个在时代中发展的过程来研究,而不是静止地研究。如其《宋代理学伦理思想研究》开篇提出:宋明理学是儒学发展的重要阶段,或者说是儒学发展的重要时期,这几乎为学者们所普遍认同。号称为新儒学的宋明理学究竟"新"在何处?它作为儒学发展的一个重要阶段有何时代印记?有何理论上的突破?如果宋明理学是古代儒学发展史上的重要变革,那么它是如何体现其变革精神的呢?其《元代理学伦理思想研究》绪论提出:元代理学是否为儒学发展的新阶段?那么,它具有什么样的理论和时代特征呢?对于这些问题,长期以来学术界的认识并不一致。相当一段时期流行着这样一个基本认识,即认为元代的思想文化除了元曲在中国文学上做出了突出的贡献以外,理学和儒学根本不值一提,似乎元帝国取代赵宋王朝以后,理学的发展已停滞……笔者认为元代思想文化研究是一个有待开拓的新领域。即将完成的《明代理学伦理思想研究》则突出明代社会和思想"变"的特征。先生的研究体例打破了单纯以人物排队的方法,以个案和思潮结合研究,始终贯穿时代背景和社会状况与思想文化的相互影响。如其《宋代理学伦理思想研究》以四章的篇幅从总体上探讨了北宋社会与理学的兴起,在解释理学兴起的时代背景的基础上梳理了宋代理学伦理思想体系及其基本问题。独到地指出理学的革新意义乃在实现儒家人伦道德的回归。其《元代理学伦理思想研究》在探讨元代社会背景的基础上阐述了元代理学伦理思想体系构成的基本问题及其特征,以元代儒学通俗化普及化为主要特征阐述了儒家孝文化高度浓缩的元代《二十四孝》和把儒家伦理思想推向通俗化和普及化的元曲伦理剧,在学术界第一次指出儒学思想在元代进入了通俗化和普及化的发展阶段。即将出版的《明代理学伦理思想研究》以朱元璋与理学为开篇勾勒与叙述了明代伦理学走上演变的社会文化思想背景,以上论述都突破了以人物排队的简单方法,从时代与思想文化的互动中把握思想的衍变和脉络。

另外,值得一提的还有:由陈谷嘉先生、朱汉民先生为主要撰写者的《中国德育思想研究》,对什么是德育,德育怎么实施,中国文化尤其是儒家的道德教育思想做出了系统的梳理和解答。认为人的本质、人性问题以及道德的缘起和本质等问题是中国古代德育理论探讨的基本问题,认为中国德育思想涉及教育、哲学、伦理和政治学等多学科,由此建构了以人伦道德为核心的德育理论系统和概念系统。在德育实施系统方面,中国德育思想以道德教育和道德修养作为培养和实现人的品格的基本途径,认为中国德育思想从一个很重要的侧面体现了中国传统文化重人生、重人的责任与义务的基本特征。认为研究中国德育思想史必须把教育史和中国政治思想史及伦理思想史相结合进行考察,离开其中之一,都不可能构成中国古代德育思想史的整体面貌。全书 61 万字,历时五年多,十余位学者参加著述,较为详尽地研究了中国德育思想,堪称中国德育思想研究的经典之作。

总之,从历史与逻辑的统一中,揭示中国传统伦理思想独特的理论系统和概念系统,展示出中国伦理思想研究独特的方式。纵观陈先生的伦理学论著,笔者以为陈先生的学术思想具有显著特征。

作为侯外庐学派的传承者,先生的伦理学术思想具有明显的侯外庐学派特征:非常关注社会和思想之间的互动关系。先生注重从时代背景和社会存在阐述思想,将思想看作社会存在的反映,先生在《宋代理学伦理思想研究》第一章写道：理学之所以成为一种新的儒学体系，固然有理论上的创新和突破，实现了儒家人伦道德学说的回归和振兴。但与此相联系还有另一方面的重要表现，即它体现了时代的要求，烙上了时代的印记。汉代儒学之所以是儒学发展史上的一个重要阶段，除了它以儒为主干综合先秦百家说而建构了汉代儒学即经学之外，还在于它适应了刘汉帝国统治的要求和时代的期待……历史表明：一个时代究竟需要一种什么样的儒学而不需要一种什么样的儒学，并非儒者主观上的自由选择，而是由时代所决定的。宋代理学从理论和形式上都与当时的社会息息相关……它不是原典儒学的再版，而表现出了一种新的时代风貌(《宋代理学伦理思想研究》P3)。在《元代理学伦理思想研究》中，先生写道：在元代，理学的发展并未停滞。我们不能因为元代理学在理论系统和概念系统上没有大的突破就否定它的贡献，通俗化和大众化的理学的出现，这本身就是理学的一种创新，是对理学的贡献，何况历史已证明通俗化和普及化是宋明理学发展中必经的一个历史阶段。总之，元代理学并不是宋代理学的简单复制，元代理学的发展具有鲜明的时代特色，具有自己的理论品性(《元代理学伦理思想研究》P12)。这两段话鲜明表现出侯外庐学派的特征，将思想置于时代的变迁之中，注重时代与思想互动的过程来展开研究，这一特征使先生的学术具有深刻的历史感和时代洞察力，真正揭开了思想衍变和时代变迁的脉络，使鲜活的历史和鲜活的人呈现在中国文化的镜像中，如此，中国文化以人为中心、以伦理为本位的特质在历史的多面性中展现现时代的人和社会之前。从而使鲜活的文化生命得以呼应，使不息的文化灵魂得以承续。其学术上的意义十分明显。

中国传统文化尤其是儒学伦理传统的优秀资源对于提升个体生命境界，拓展精神生活空间，促进社会和谐具有重要伦理价值。而近百年来,儒学传统一直被视为对封建礼教和专制社会秩序的维护和合理性论证,并伴随着这一社会秩序的解体而遭遇了花果飘零、支离破碎的尴尬。儒学作为人文关怀和伦理教化的意义对于救治现时代人心迷惘和精神空虚的病症有着正本清源的作用,同时,当代中国文化建设中的文化自觉、文化自信和文化自强必须直面中国传统文化尤其是儒学的价值重估。而儒学的价值重估必然要深入了解和梳理儒学的发展脉络、学术特质及其价值。先生的伦理学术思想正是以这一时代使命为担当,阐述中国文化的源头、历史和义理,并独辟蹊径,自成一体,“究天人之际,通古今之变,成一家之言”,无数儒者“筚路蓝缕,以启山林”,使中国文化生命始终生生不息,薪火传承。先生的伦理学术思想接续并担当的正是这一传统。

不仅如此,还具有教育意义。“学问分很多种,关于人生经历的解答最难,是最大的学问”。先生希望尽其所能继续为学术做出贡献,实现心中的学术梦。中国文化、中国哲学是生命的学问,人生即在学问之中,学问即人的学问。“为学不易,为人实难”。无论为学还是为人,都需以真实的生命投入,先生以赤子之心面对人生,传承学统,教育后学,我从先生处受益最多的是其赤子之心,“仰之弥高,钻之弥坚;瞻之在前,忽焉在后。夫子循循然善诱人,博我以文,约我以礼,欲罢不能。既竭吾才,如有所立卓尔。虽欲从之,末由也已”。

陈谷嘉先生与二十世纪末中国书院研究[①]

谢　丰[②]

20 世纪八九十年代，在全国文化大发展和教育改革浪潮的推动下，中国书院研究从沉寂中再次兴起，形成热潮。80 年代，全国先后成立了一些专门的研究机构或组织，形成了稳定的专业研究队伍，其中以湖南、江西两地最为活跃。一些书院研究的专家如陈元晖、王炳照、李国钧、李才栋等有着深厚的教育学或教育史学背景，他们或在教育通史研究中关注书院史研究，或立足地方书院和代表性书院研究，取得了开拓性的成果。90 年代，书院文献资料的搜集整理达到了前所未有的深度和广度，涌现出一批标志性的成果，如季啸风主编的《中国书院辞典》、陈谷嘉和邓洪波主编的《中国书院史资料》、赵所生和薛正兴主编的《中国历代书院志》等等。与此同时，书院研究也从几十年来单一的教育史研究领域逐步拓展到学术史、文化史、社会史研究等领域，新的专题研究向纵深发展，形成了多学科共同研究书院的兴盛局

① 湖南省教育科学规划课题“从书院到学堂——晚清湖南书院改制研究”(XJK012BJB002)。

② 谢丰(1977—)，女，湖南湘潭人，历史学硕士，湖南大学岳麓书院文博馆员，主要从事书院文化研究。

面。从总体上看，书院研究在20世纪末达到了新的学术高度，逐步形成了自己的学科特色和学术体系，成为专门之学[1]。

在20世纪末中国书院研究勃兴的过程中，先后任岳麓书院文化研究所副所长、所长的陈谷嘉先生，敏锐地觉察到历史潮流和研究发展的趋势，积极推动书院研究的发展，在书院文献资料搜集整理、推动书院学的建立、拓展书院研究的视野和方法等方面成就卓著，并出版了书院研究的重要著作——《中国书院史资料》《中国书院制度研究》《中国书院辞典》，填补了相关研究空白。不仅如此，他和同人们还积极探索传统书院现代化的道路，使古老的岳麓书院逐步成为现代学术研究和人才培养的重要基地及全国书院研究的中心。

一、书院研究史料的搜集整理

在千余年的发展历史中，书院不仅数量众多，分布地区广泛，而且层次、类型和大小规模不一，有关史料记载散见于浩瀚的古籍之中。至20世纪80年代中期，随着书院研究的发展，研究者们逐步意识到对书院历史资料的全面发掘和整理的重要性。

陈谷嘉先生非常重视书院新史料的搜集整理工作。他认为，只有扎实做好这项基础工作，书院的历史面貌才有可能真正呈现，书院的历史文化才有可能被全面认识和研究。有鉴于此，岳麓书院文化研究所自创建开始，就确定了将书院资料的搜集整理作为主要工作任务之一。陈先生带领邓洪波、高烽煜、杨瑞陶等一批老师进行了长期艰苦的史料攻坚工作，为90年代书院学的初步建立、发展打下了坚实的基础。

其一，开启了书院史料搜集的新思路和新路径。陈先生凭借其开阔的学术视野和深厚的思想史学术背景,对书院史料搜集范围提出了新的见地。虽然当时学界对书院的概念争议较大,但陈谷嘉先生提出在搜集资料时应不做预先设定和局限,凡有书院之名的史料,通通纳入搜集范围;书院研究的史料来源不能仅限于地方志和各类书院志,还应包括散见于学者文集、笔记日记、学案和各类史书的各种材料。为此,他带领、指导大家遍搜群籍,取得了大量第一手资料。

其二,重视对史料的考订、辨析。80 年代中期,陈先生等组织湖南各地进行书院资料的搜集整理。针对当时大家整理的资料大多数来源于地方志等问题,陈先生认为,地方志所用多非经过严格考订的第一手资料,所述内容范围狭小,往往仅记述书院创始人、创始时间及其规模。这类资料达不到研究的需要,甚至可能提供错误的信息[2]。因此,必须对书院文献史料收集整理进行严格的考订、辨析。据当年具体负责书院文献史料收集整理工作的邓洪波先生回忆,陈谷嘉先生在组织书院史料整理编撰的过程中,多次强调必须采用第一手资料,对资料要反复考订,力求使每个条目的释义都言必有据,经得起历史的考验。

其三,组织了全国规模最大的书院史料搜集整理工作。除了深入挖掘岳麓书院自身的历史资料外,陈谷嘉、邓洪波先生等还发动全省各地文物文化一线的工作人员调查研究当地书院,同时还组织、联合全国专家和研究人员,对书院资料进行全面搜集和整理。十余年间,学者们克服种种困难,潜心普查了《四库全书》《四部丛刊》《中国方志丛书》等各种大型典籍,查阅了全国数千种地方志以及数百种书院志和书院课艺、日记、书目、同门录,以及各种名人文集、碑记、笔记、正史、别史、类书、总集,还有韩国、日本等国家的书院资料。1996 年和 1998 年,《中国书院辞典》[3]《中国书院史资料》[4]先后出版。因其资料的丰富、翔实、严谨,编排的合理、方便,这两部重要的工具资料书至今仍是研究者们必备而且使用频率很高的书籍。这是书院研究成为专门之学的重要基石。

二、书院研究理论的探讨

陈谷嘉先生非常关注书院研究的理论问题。他与同人们在主编的《中国书院史资料》《中国书院制度研究》和撰写的多篇论文中提出了一系列观点、方法,影响深远,为今天的研究者们所熟知和运用。但人们往往习惯习焉不察,以为常识,而不知其来有自。其理论研究的成就与贡献主要表现在以下几方面:

第一,书院学概念的提出。在 1986 年召开的纪念岳麓书院创建 1010 周年学术讨论会上,陈谷嘉先生等认为,应对书院文化史做全面的研究,在此基础上形成书院学。书院学是从历史学、教育学、文化学、哲学、社会学、宗教、伦理、图书出版等多个角度对书院进行全面研究的专门之学。这一概念,强调对书院的多角度、多学科的综合研究,使书院研究的视域大大拓展,为书院研究的深入搭建了良好的理论平台。

第二,书院概念的辨析。书院的性质,是书院学研究的基本问题,从 80 年代开始,就有相当多的讨论。有人持私学论,有人持独特的教育组织论,也有学者认为书院是亦官亦私的性质。各种学说,都有其合理之处,但难成定论。陈谷嘉先生明确地揭示了书院作为独特的教育组织的内涵和特性:从古代教育史来看,书院既吸取了历史上官学系统具有积极意义的办学传统,又直接对传统私学进行了继承和发展,在此基础上,建构了不是官学但有官学成分,不是私学但又与私学具有内在联系的独特的教育组织。所以,自出现至清末,书院与官学、私学鼎足而三,成平等发展格局[5]。这一论述,逐渐得到了大部分学者的认同。

第三,对书院的层次、类型、等级差异问题的论述。当时学界有“书院高于蒙学”说和“学院为古代大学”说两种主要观点。一些学者认为,书院是古代的高等教育机构,历代一些层次较低的教育机构或个人学习的场所以书院为名,是对书院的“附会”,这些书院是“伪书院”,并建议学者们研究时注意加以辨析和区分。这样的观点,实际上是将历代书院建设者们不断构建的理想化书院等同于现实存在的书院,进而在研究中以典型的高层次的书院排斥和取代实际存在的数量众多而水平较低的书院。

基于大量史料的整理,陈谷嘉、邓洪波先生等打破了以往很多研究者只借助于几个典型的书院来把握书院总体发展状况的局面,而把研究对象扩展到了更多的一般书院,提出了书院的类型和等级差异问题,把大量的家庭和乡村书院纳入研究范围,还关注到了少数民族书院、侨民书院、华侨书院、教会书院,为全面把握不同时期、不同级别的书院状况奠定了良好的基础。

第四,书院研究视野的拓展与方法的创新。80 年代,除了新资料缺乏之外,书院研究还面临研究方法单一、研究视野狭窄等问题。在 1984 年召开的首次全国书院研究座谈会上,陈谷嘉先生凭借其对思想学术史的多年研究,率先提出“书院的兴起和发展与理学密不可分,应当将学术、学派与书院结合起来进行研究”这一主张,深得与会代表的认同,为书院研究提供了新的思路[6]。随着研究的不断深入,陈谷嘉先生等进一步提出,书院是有多重功能的文化教育机构,不仅是教育的重要方面军,也是研究学术、传播文化和宣扬教化的重要基地。因此,应当打破教育史视角的局限,将书院置于社会文化大背景下,从社会史、政治史、思想史、文化史、教育史多角度对书院进行研究。这一主张，拓宽了书院研究的视野，为书院研究方法的更新指明了方向。陈谷嘉先生“宋代书院与宋代文化的下移”[7]一文，考察宋代书院的发展及其与宋代整个社会系统的互动，探讨宋代社会文化、政治、知识分子群体发生巨大变化的社会现象及其与书院教育的关系，集中体现了陈先生广阔的学术视野和对传统书院研究方法的突破，为后继研究者起到了引领作用。2002年，岳麓书院肖永明教授以“儒学·书院·社会——文化社会学视野中的书院”课题成功申报了国家社会科学基金项目。他认为，这一课题的提出从陈先生文章中得到了宝贵的启示[8]。

三、书院学诸问题的研究

陈谷嘉先生及其同仁们致力于书院学的建立与发展，撰写了一系列论文论著，阐述了书院学研究中的种种具体问题，研究深入，启发思考。

1. 书院发展历史的梳理方面

陈谷嘉、邓洪波先生立足于大量书院研究的新史料，梳理了书院历史发展的新线索，深化了以往的书院通史研究，《中国书院史资料》是其标志性成果。虽然该书旨在编纂书院史料，但它不仅仅停留于对资料的分门别类，而是试图呈现中国书院发展的整体脉络，本身就是一部中国书院史的提纲。

首先，陈谷嘉、邓洪波先生采用有别于以往仅按年代顺序叙述书院历史的方法，以书院制度为线索，抓住书院制度发生、确立、推广和官学化、繁荣、普及和近代化的阶段特点，对书院发展历史进行了梳理。其中，对元代与清代书院发展的立论颇有不同于前人之处。

其次，陈先生等对历代书院与政治的关系、书院与社会学术文化的关系等重要问题予以了关注，梳理了书院历史研究的新线索。如，对书院与政治的关系问题，陈先生等关注到了党禁解除后南宋书院的发展、元政府对书院的支持与书院的官学化、明代后期禁毁书院、清代书院政策的转变、清末政府诏令书院改制等方面；对书院与社会学术文化的关系问题，陈先生等关注到南宋各学派与书院的一体化发展、明代书院与学术同步再度辉煌、清代书院学术的转向、教会书院创建等方面。这表明，他们不仅注意从宏观上审视书院发展的整体进程，也注意从微观上对书院发展变迁过程中的一系列问题加以探究。

再次，陈先生等对书院制度发展过程中祭祀、学田经费等较少为研究者关注的具体问题也颇为重视。如，祭祀是书院非常重要的功能，而学田、经费又是书院建立、运行的根本，研究书院制度史，不能忽视对祭祀、学田、经费的研究。但遗憾的是，历来的书院史研究著作，在这些方面涉及较少，与其重要性并不相称。陈先生等从元代部分起，就将祭祀、学田、经费与教学、藏书置于同等重要地位加以对待，这表明了他们对祭祀、学田与经费在书院发展过程中重要地位的与众不同的认识，是其学术见识的体现。

2. 书院教育方面

陈谷嘉先生专于伦理学研究，从其伦理学家的视角，对书院教育与儒家传统教育理念的关系、书院的德育教育以及书院的人才培养目标等问题予以特别关注和研究，开辟了书院研究的新领域。

陈先生认为，儒家思想以人伦道德塑造人的道德品格，重视以德育人，与以等级特权为特征的官学教育相对立。宋代，官学对教育的危害越来越明显，要革除教育之弊病，关键在于复兴儒学，重新确立儒家以德育人的教育理念。早期儒家提出了有教无类与以道德塑造人的教育理念，这一理念非常适合于兴起于民间而具有平民化色彩的书院，因而成为书院的办学宗旨。办学宗旨的确立，带来了从教育体制到教学环节的一系列变化。基于以上考察，陈先生对宋代书院教育与儒学的教育理念，是宋代教育的一大改革，代表了教育发展的趋势，对宋代教育发展产生了极大的促进作用。而儒家教育理念的复兴反映了宋代儒学的复兴的整体要求，是宋代儒学复兴的重要组成部分。所以，宋代的儒学复兴与书院隆兴同步[9]。

陈先生指出，书院与官学最根本的区别，不在于创办人身份是官是民，抑或办学经费来源是公是私，也不在于教师和教育机构是否属于国家编制体系，而在于两者的人才培养目标的差别：官学为培养官僚服务，体现了等级特权；而书院打破学生身份限制，为平民百姓服务，培养的是伦理道德型人才，任何人在书院都必须进行道德人格和品性的塑造，不存在例外。

陈谷嘉先生对书院以德育人教育理念和书院育人目标的深入研究，具有很强的现实性，为当代德育教育的开展及至当代教育体制的改革提供了宝贵借鉴。陈先生对书院教育的研究也表明，以古鉴今、经世致用是其重要出发点。

3. 书院与社会文化关系方面

陈谷嘉先生以宋代为例对书院与社会文化的关系进行了细致的考察。他认为，宋代社会文化发生了重心下移的巨大变化，即上层等级文化向下层平民文化转移，这个过程与宋代教育的发展密不可分。其中书院教育推动了文化在下层社会的内化，促成了热衷知识和文化传播的平民学者阶层的出现，对宋代社会文化重心下移产生了深刻影响。陈先生以大量史实说明，书院学子士人在发展地方教育、传承和发展学术文化、开发民智和化育人生等方面都起到了积极的作用，由此导致的文化教育的普及为社会下层的政治升迁变化开辟了道路，奠定了基础[6]。陈先生对书院与社会文化关系的探讨，拓宽了研究的视野，增进了人们对书院在社会大系统中的地位与作用的认识。

四、传统书院现代价值的彰显

20 世纪 80 年代初期，一些有识之士在反思现代中国高等教育发展历程、着手高等教育改革的过程中，意识到从传统书院教育中获取资源的重要性。陈谷嘉先生对当代教育发展有高度的责任感和参与意识，全力投入岳麓书院的恢复和发展。他和同人们规划设计书院发展的路径、培养科研队伍、开展学科建设、推动地区和国内外书院研究的学术交流，使岳麓书院接续历史传统，重新焕发勃勃生机，充分彰显了传统书院的现代价值。

“文革”结束后，由于政府和学校的高度重视，更因为陈谷嘉先生等学者们的强力呼吁和坚持，岳麓书院摆脱了成为公园、博物馆或行政办公楼的命运，确立了学术研究与人才培养机构的定位。1982 年，湖南大学成立了岳麓书院研究室。1984 年，研究室扩大为系一级的书院文化研究所。在讨论研究所发展规划时，陈谷嘉先生高屋建瓴地提出岳麓书院自古以来就是学术研究的重镇，也是人才培养的重要基地，岳麓书院的恢复和发展应该坚持学术研究与人才培养并重的原则。基于这一原则，陈先生对岳麓书院的学术研究与人才培养提出了一系列构想。

在学术研究方面，陈先生指出，作为文化底蕴深厚的学术机构，岳麓书院的研究应该提升理论水平，注意与学术、思想史相结合。他还设想，研究应该从岳麓书院自身入手，然后扩展到湖南书院、中国书院及至东亚书院；在研究所成立之初，可以先设立书院、理学、古建筑、文物四个研究室，引进各个方向的人才，集体开展研究；今后随着研究的深入，可以将研究领域逐步拓展到中国思想文化史的诸多领域。

在人才培养方面，陈先生认为，在近千年历史发展过程中，岳麓书院弦歌不绝，办学不辍，只有恢复人才培养的功能，才标志着岳麓书院修复的完成。在人才培养层次上，可以从高级研究人才的培养入手，招收硕士研究生，一俟条件成熟，可以招收博士研究生；在学科方向上，可以根据岳麓书院的特点和优势，首先建设中国思想文化史学科，再以此为基础，发展其他学科。

陈先生等人的这一定位与顶层设计为岳麓书院的恢复、发展指明了方向。经过陈先生、朱汉民先生及岳麓书院全体同人近三十年的努力，今日岳麓书院忆成为集学术研究、文化传播、人才培养为一体的重要基地，被誉为当代的“活文物”。在学术研究方面，岳麓书院研究形成了包括书院研究在内的实力雄厚的研究团队，不断有高质量的研究成果问世；在人才培养方面，岳麓书院也逐渐形成了从本科到博士后的完整的人才培养体系，完全融入现代大学教育体系之中；在社会服务与文化传播方面，岳麓书院经过多年的积累，已经成为中国书院文物和书院文化的收藏中心、研究中心、展示中心和交流中心。2012 年，全国唯一的书院类专题博物馆——中国书院博物馆在岳麓书院建立。2013 年，依托岳麓书院的国学研究与传播中心挂牌成立。

这一切，在很大程度上应当归功于陈谷嘉先生及岳麓书院全体同仁。正是他们，在 20 世纪八九十年代以自己的远见卓识，对岳麓书院的现代发展进行了富有前瞻性的顶层设计和准确的定位，并继之以近三十年的不懈努力，使古老学府重新迸发出活力，在现代社会续写辉煌。

岳麓书院的复兴与发展，为传统书院的现代化树立了典范，也引发了人们对传统书院现代价值的进一步思考，极大地推动了书院研究的发展。

参考文献

[1]邓洪波、周月娥:《八十三年来的中国书院研究》,《湖南大学学报》,2007 第 3 期。

[2]陈谷嘉:《关于书院研究中的几个问题》,《书院研究》,湖南大学出版社 1988 年版。

[3]季啸风:《中国书院辞典》,浙江教育出版社 1996 年版。

[4]陈谷嘉、邓洪波:《中国书院史资料(上中下)》,浙江教育出版社 1998 年版。

[5]陈谷嘉、邓洪波:《中国书院制度研究》,浙江教育出版社 1997 年版。

[6]朱汉民:《书院研究座谈会纪要》,《岳麓书院通讯》,1984 年第 2 期。

[7]陈谷嘉:《宋代书院与宋代文化的下移》,《中国哲学(第 16 辑)》,岳麓书社 1993 年版。

[8]肖永明:《儒学·书院·社会——社会文化视野中的书院》,商务印书馆 2012 年版。

[9]陈谷嘉:《书院是中国教育史上的一次深刻变革》,《中国哲学(第 19 辑)》,岳麓书社 1998 年版。

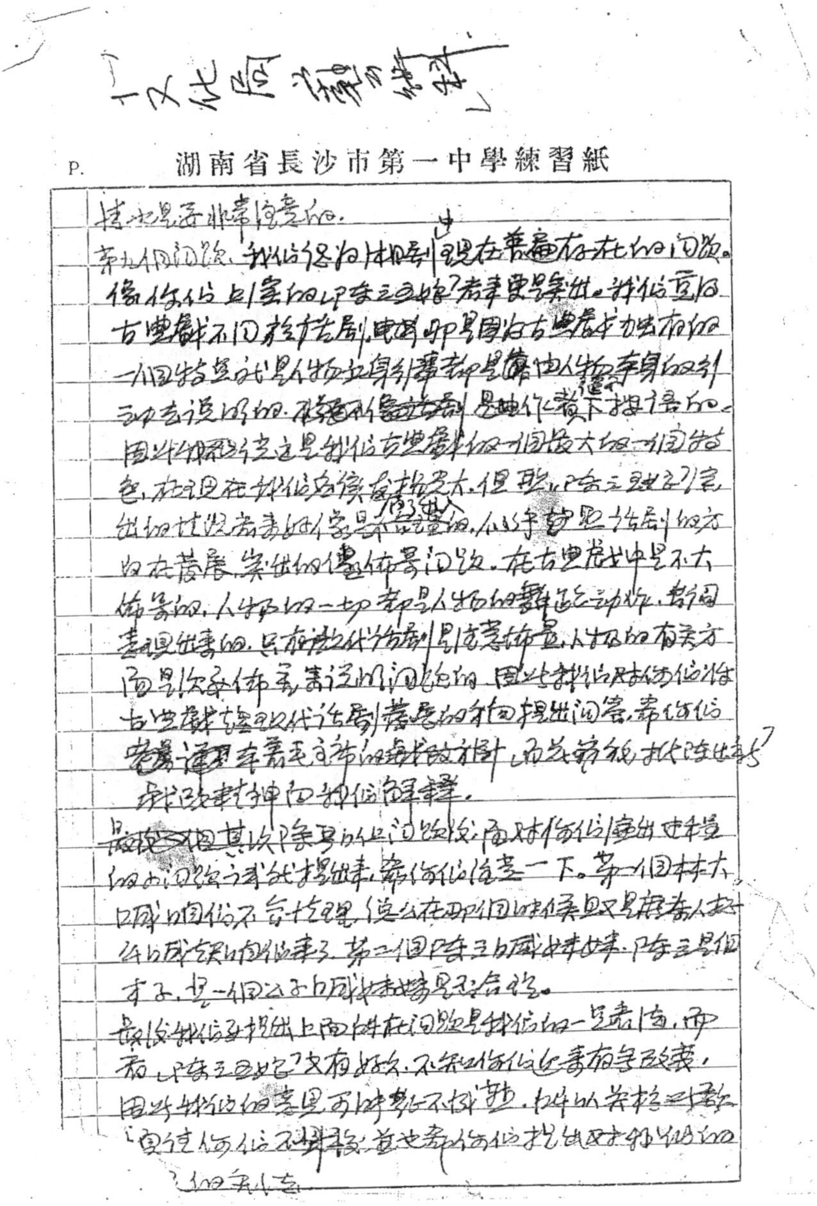

P.　湖南省長沙市第一中學練習紙

（此稿是 1953 年 10 月长沙市一中戏剧评论初稿）

P.　湖南省長沙市第一中學練習紙

悲剧是结尾。[illegible]以至到后不结婚而走。
显然，陈三和五娘在以前并不了解。五娘在以前没有把
陈三看成理想的爱人，而陈三也只是看中她的美貌不
清。所以在[illegible]以后，黄五娘竟终身[illegible]。随陈三
出走就觉得很不自然。因为黄五娘以前对陈三是那
样陌生的。[illegible]随陈三走的。
这是不能使人相信的。我们又见在林大逼婚情节中没有
谈到五娘会同陈三走的。因此说五娘与陈三没有
的结合太快了。虽然在这一场中写林大的逼婚，
对五娘来说是决定她命运的关头，因此有可能不得不
一切随陈三出走的。但我们认为这还是不够的。要
经过使人信服的。因为我们的[illegible]
[illegible]据前五娘的表现是[illegible]对陈三的[illegible]
[illegible]
五娘可能不会随陈三走的。另外在当时小姐在那种
社会下她竟胆敢离开娘家出走是不一件简单的事，
也就是她的出走也就是有她强大的思想基础的。
正因为她有一个出走动机，所以在舞台上表现
出来，并因此使观众对五娘的以后的境遇而同情担
忧。同时使黄五娘最后是在斗争中[illegible]跟陈三出走而
使观众为他们而感到高兴。[illegible]
不然的话，只是使观众对五娘同陈三的出走而感到
突然。因此我们建议希望作者加强陈三与五娘的
出走前后的思想斗争的场面。以此来作为说明[illegible]
[illegible]陈三与五娘出走的[illegible]。

湖南省長沙市第一中學練習紙　P. 2

從而也影响了主题的突出。我们认为黄五娘对陈三的爱情是深爱的，且又是不顾一切的。因为她是受当时环境和社会环境的影响的。在那个封建社会里，不仅为五娘出身的是外家的，但她却和一个萍水相逢的男人不能很快地谈上婚事的，只可能是隐藏曲折的。但我们觉得黄五娘在对陈三的爱情是充满曲折的……

正因为五娘受着礼教的束缚，所以对陈三的爱情的表达是含蓄的，而表达上是十分含蓄的。但我们认为黄五娘对陈三的爱情始终是坚定不移的，不是……的。因为在剧情的发展，陈三与五娘的爱情并像波浪式地发展和巩固的，因此五娘对陈三的爱情是随着剧情发展而一次比一次好的，不会停留在原来基础上。因此我们建议你们把黄五娘这个人物要处理得更多情感化些。这样便于陈三以及陈三更有依据地追求她的一个坚实基础，并从而使观众感到黄五娘对陈三的爱是真诚不移的。另外只有这样，更加突出黄五娘对礼教的不满，从中更能突出她的反封建性。

三的爱情

我们觉得剧情在陈三四次陈三与五娘的出走的思想基础不够。我们认为陈三与五娘的出走是对的，人们同情他们是我们理解的。但我们认为陈三与五娘出走前夕的思想斗争场面是非常不够的，因为从剧情来看，以前黄五娘对陈三的爱是含而未露的，而陈三对黄五娘的心事则是很不了解的。因此在舞台上表现陈三因为她的爱情很模糊，而产生他……

的　舒宅

中　班　學生

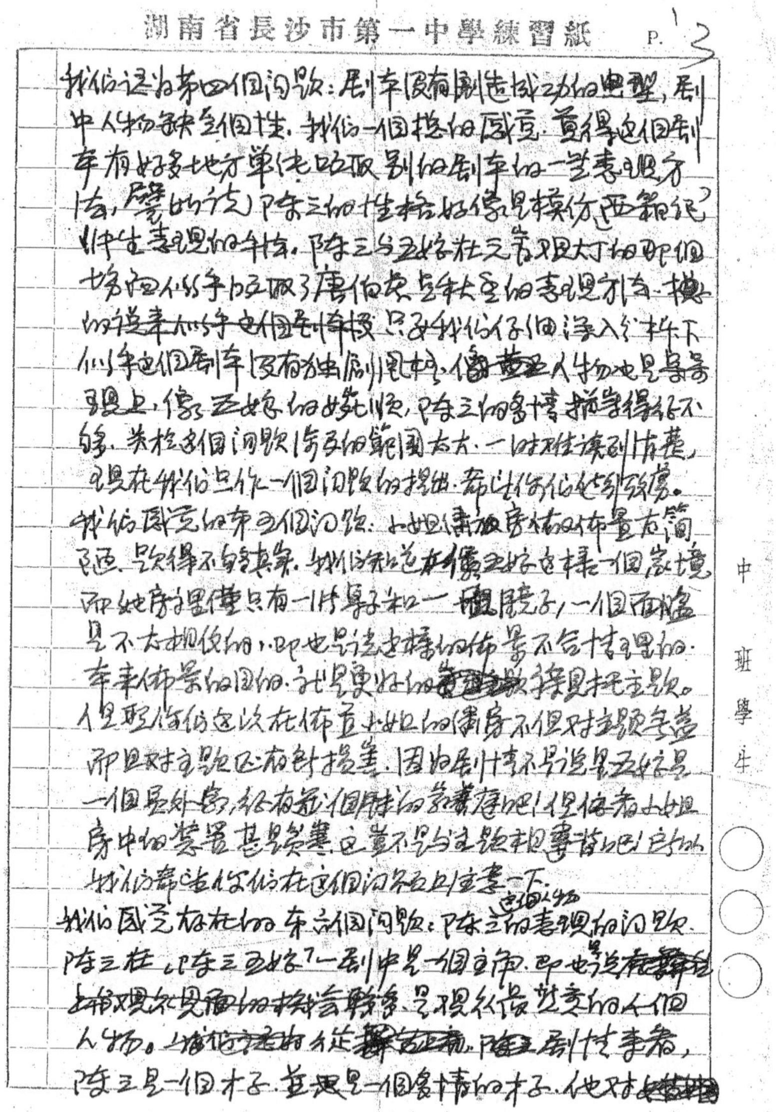

湖南省長沙市第一中學練習紙　P. 3

我们认为第四个问题：剧本没有创造成功的典型，剧中人物缺乏个性。我们一个总的感觉，觉得这个剧本有好多地方单纯吸取别的剧本的一些表现方法，譬如说：陈三的性格好像是模仿西厢记张生表现的手法。陈三与五娘在大厅里打的那个场面似乎吸取了唐伯虎点秋香的表现方法。模仿这本似乎这个剧本[illegible] 只要我们仔细深入分析下，似乎这个剧本没有独创风格。像黄五人物也是表现上，像五娘的婢女，陈三的爱情描写得很不够。关于这个问题牵涉的范围太大，一时难谈到清楚，现在我们只作一个问题的提出，希望你们能够研究。

我们感觉的第五个问题：小姐绣房的布置太简陋，显得不够真实。我们知道像五娘这样一个家境，而她房里仅只有一张桌子和一面镜子，一个面盆是不太相称的，即也是说这样的布景不合情理的。本来布景的用的，就是更好的[illegible]衬托主题。但现你们这次在布置小姐的绣房不但对主题无益，而且对主题还有些损害。因为剧情不是说黄五娘是一个[illegible]，总有些个财物的嘛！但你看小姐房中的装置甚是贫寒，这岂不是与主题相矛盾吗！所以我们希望你们在这个问题上注意一下。

我们感觉存在的第六个问题：陈三（这个人物）的表现的问题。陈三在《陈三五娘》一剧中是一个主角，即也可说是[illegible]是很优美的人物。[illegible]从剧情来看，陈三是一个才子，并且是一个多情的才子。他对[illegible]

中　班　學　生

渡江侦察记

P.　湖南省长沙市第一中学练习纸

自身的命运，对婚姻问题也是自作主张的，对封建
礼教也是进行了无情的斗争。他大胆，不怕[illegible]，
是完全[illegible]也带着强烈的反抗性。
但从舞台上表现看来，陈三这个人物刻画得不够
[illegible]，完全刻画一个[illegible]
[illegible]，到[illegible]引来[illegible]
我们知道陈三是个才子，且又是[illegible]多情的，因此他应该
表现一点才子佳人的气味，决不是像舞台上表现得那
样呆笨，当然陈三是个才子，是一个读书人，
他只懂得一些礼教的，[illegible]因此引来
也有他一定的道理。但我们说陈三[illegible]
[illegible]只是在某种程度上的。我们不承认陈
三是那样呆笨的。[illegible]
[illegible]的才子，而且在剧情[illegible]
上也说明了他不是一般文人之[illegible]。
因此我们建议你们对陈三人物性格有必加考虑一下，
最好要使他在舞台上表现得活泼一点，以此更好
的说明[illegible]，并[illegible]对陈三的[illegible]
[illegible]基础（因为陈三那样呆笨，[illegible]）
但是我们也不提出把陈三演得太风流也是不合情理
的。我们的意思就是你们把陈三这个人物演得恰当的。
第七个问题：黄九郎的表现方面。我们觉得黄九郎
的这个人物表现得太简单。从剧情看来，我们认为
黄九郎是一个封建的代表。[illegible]把黄九郎
刻画到[illegible]
[illegible]

渡江侦察记

渡江侦察

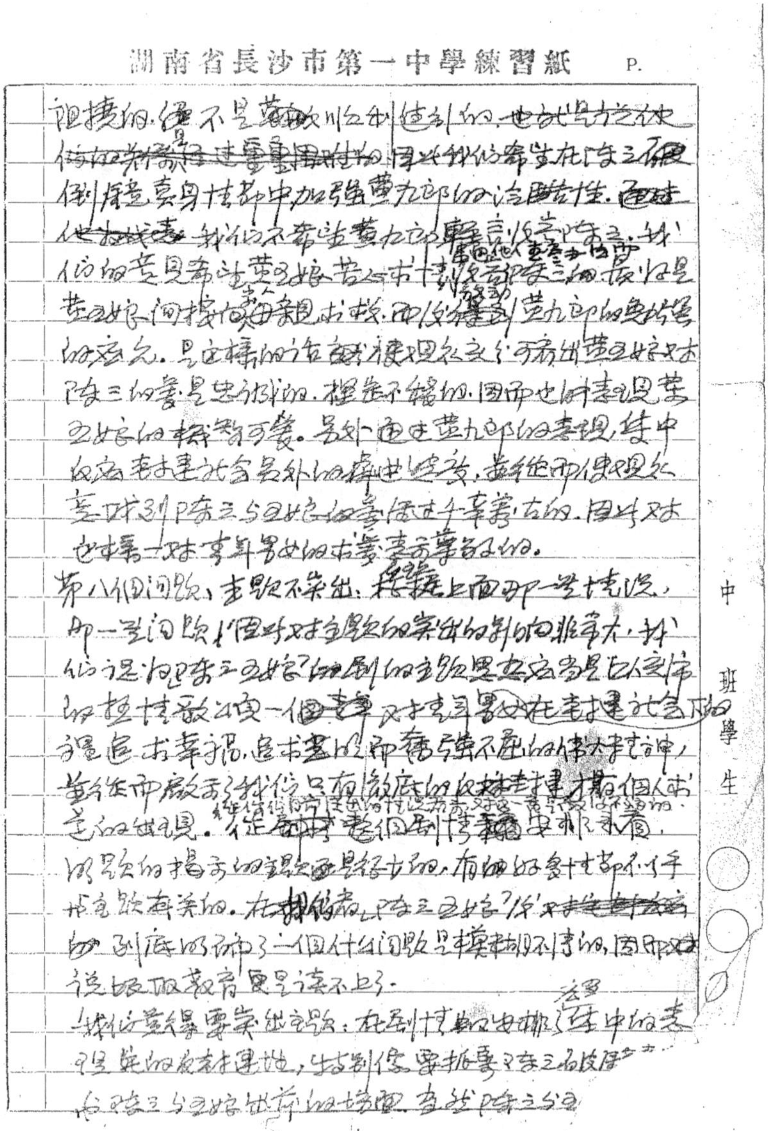
湖南省長沙市第一中學練習紙 P.
阻挡的，但不是[illegible]所以[illegible]造成的。
[illegible]因此我们希望在陈三[illegible]
例如在表现手法中加强黄九郎的[illegible]性。
[illegible]我们不希望黄九郎[illegible]陈三。我
们的意见是希望黄五娘[illegible]陈三的。最好是
黄五娘间接向[illegible]说出来。而後[illegible]黄九郎的[illegible]
的意见。是这样的话就使观众[illegible]看出黄五娘对
陈三的爱是忠诚的，坚定不移的，同时也体现出黄
五娘的[illegible]可爱。另外通过黄九郎的表现，使[illegible]中
的[illegible]封建社会另外的[illegible]，并使而使观众
[illegible]到陈三与五娘的爱情是幸福的。因此对
[illegible]对青年男女的爱情[illegible]的。
第八個問題，主題不突出。[illegible]上面那一些情况，
那一些问题，因此对主题的突出的影响非常大。我
们认为陈三五娘[illegible]剧的主题思想[illegible]
[illegible]
[illegible]
[illegible]
[illegible]
[illegible]
[illegible]到底[illegible]了一個什么问题[illegible]
[illegible]
[illegible]
[illegible]
[illegible]
中 班 學 生

后　记

二〇〇一年我从工作岗位退下来以来，全身心地伏案一五年，至二〇一四年宋、元、明三部理学伦理著作前后已出版发行，国家社会科基金项目《宋明理学伦理思想研究》的完成，使我有释重负之感。我虽年届八旬，但写作读书尚能支持，对学术尚有恋栈，朋友和学生都为我以后学术生活支招。基于近几年我在中国文明起源路径作了一些研究，发表了一些文章，有的学生建议我继续作下去。另一些学生和朋友、包括出版社的同志希望我将宋明理学的研究延续到清代，著述一部《清代理学伦理思想研究》，把经历了宋、元、明、清四代的理学划上一个句号。也有一些学生对我们这一代知识分子人生经历有兴趣，甚至感到好奇，有解放前旧社会的经历，又经历了新中国六十余年发展的重大变化，其经历在当代知识分子颇有代表性，希望我将此著述成书，以为这不亚于学术著作的意义。

朋友与学生的关怀与建议，使我受到莫大的鼓舞，似乎不知老之将至，学术生命是自然生命的延续，继续笔耕将使我晚年生活更充实。经过反复思考，我决定将学术研究停辍（如有可能以后再继续），选择与学术研究有别的个人传记的写作。传记是不同于学术研究的一种文体，学术研究是一种逻辑思维，多运用于概念与逻辑，追求的科学与理论上的严密，传记则是一种传记文学体，要求有激情，有描述，有个人心灵的自然吐诉，是一种形象思维。我几十年从事的是学术研究，对此著述驾轻就熟，但对文学写作如小学生很不熟悉、不适应。为了适应这种转变，我边学边写，不断地向年轻的学生请教，如本书开卷的《孩提记》曾得到邓文初同学的鼓励和帮助。经过将近一年的写作，一部题为《岁月留痕——一个知识分子的一生》的传记遂已完成，正式付梓出版。

本著作原由八个《记》组成，在付印出版以前朋友和学生曾传闻这个本子。但我交付出版社公开出版时，自感第八个《记》即《困惑记》部分涉及许多理论上的新问题，一时还拿不准，须待进一步研究。另外，还考虑到《困惑记》多于理论上的阐述，理论语言表述多，似乎与传记文学不切。基于以上考虑，本著作只保留了七个《记》，《困惑记》拿掉了。在此，特向对关注我人生传记的朋友和学生作个交代。

陈谷嘉

于长沙岳麓山下家邸

二〇一五年七月